保育カウンセリングの原理

冨田久枝 編著
Tomita Hisae

ナカニシヤ出版

まえがき

20余年，幼稚園という保育現場で教諭として多くの子ども達を育て，多くの保護者，保育者と出会い「保育の楽しさと難しさ」を痛感して，「もっと子どもや，親，そして一生懸命汗を流して子どもを保育している保育者の役に立つことはできないだろうか」と悩んだ末に，筑波大学の夜間大学院カウンセリング専攻の門をたたいていました。そして，卒業して10余年，カウンセリングマインドをもったカウンセリングの知見をいかすことができる保育者の育成と，実際の保育現場で保育に悩む保育者の相談・援助，子育てに悩む保護者へのカウンセリング，発達相談と現場におけるカウンセリングを実践して悪戦苦闘の日々を送りながらも充実した毎日を送っています。

しかし，この10余年の間に子どもを取り巻く社会環境は悪化の一途をたどり，虐待といった深刻なケースも日常茶飯事のようにニュースで耳にするようになりました。このような変化に伴い，保育現場はますます深刻な状況を迎えています。さらに，平成20年，幼稚園教育要領および保育所保育指針が改定・告示され，いよいよ21年度から施行となりますが，この内容にも子どもが抱える現代的な諸問題への対応者として保育者の役割が期待され，保育者の職務内容は増えるばかりです。一方で，子育て支援が進められ，保護者への相談，支援が保育現場でも求められていますが，一人親家庭，離婚などの家庭のトラブル，経済状態の悪化に伴う養育困難，さらには虐待といったケースが保育現場を襲い，これまでの保育技術だけでは到底対応できない状況になっています。そのようななかで，保育者のカウンセリング学習の必要性が叫ばれはじめました。

まえがき

現代社会の中ではカウンセリングという言葉は既に定着していますが，保育現場ではここ数年やっとその必要性が論じられるようになりました。しかし，保育現場では急速な変化に対応できず，カウンセリングを活用したくても保育現場にいかせるような形でカウンセリングを学習できる書が少なかったのも現状です。

一方，小学校以上の学校教育現場ではスクールカウンセリング事業がスタートして，現在はその事業も定着，スクールカウンセラーが学校教育現場で心の問題の支援にあたってくれるようになりました。しかし，保育現場では巡回相談という形で行政からカウンセラーが訪問を行っている場合もありますが，その回数も非常に少なく，日常的な保育，日々成長する子どもの発達を支える現状にはありません。また，保育現場におけるカウンセリングは保育という営みに即したものでなければなりませんが，そのようなカウンセリング未だ開発途上といっても過言ではないでしょう。

そこで，筆者はこれまでの実践から保育者や保育現場を支える人達が学ぶことができる基礎理論の本を作成する必要があると考えました。まず，カウンセリングの諸理論を保育という視点から整理し，「保育カウンセリング」という独自概念を提示し，保育のための保育でいかすカウンセリングの書ということで「保育カウンセリングの原理」という書名にさせていただきました。スクールカウンセリングの後追いではなく，焼き直しでもなく，つまみ食いでもない。「保育カウンセリング」の発展に寄与する書となることを願い保育現場を支えてきた保育カウンセリングの先駆的仲間とともに，これまで得た知見を結集して，本書をまとめました。是非，皆様に活用していただきたいと思います。

目　次

Chapter 1　保育とカウンセリング　　1

1. **保育カウンセリングの背景**　1
   - [1] 子どもを取り巻く社会の変化　1
   - [2] 保育現場で起きている危機的状況　2
   - [3] 幼稚園教育要領・保育所保育指針改定から見えること　4
2. **今求められる，保育カウンセリング**　5
   - [1] 保育カウンセリングの2つの方向性　6
   - [2] 保育カウンセリングの定義　8
   - [3] 保育カウンセリングの特徴　12
3. **保育カウンセリングにおける基本的な心構え**　18
   - [1] 受容と共感　18
   - [2] 柔軟な対応　19
   - [3] 子どもと共に歩む　19
4. **保育カウンセリングの関連領域**　19
   - [1] カウンセリング　20
   - [2] 心理療法　22
   - [3] コンサルテーション　23
   - [4] スーパービジョン　23
   - [5] ピアカウンセリング（ピアヘルピング）　23

Chapter 2　保育カウンセリングを支える諸理論　25

1. カウンセリングの基本理論と保育カウンセリング　25
　　［1］精神分析　25
　　［2］自己理論　34
　　［3］行動療法　38
　　［4］基礎理論と保育カウンセリング　45
2. 発達理論と保育カウンセリング　45
　　［1］発達の基礎理論　46
　　［2］愛着理論　51
　　［3］対象関係論　62
3. その他の理論と保育カウンセリング　68
　　［1］家族療法　69
　　［2］芸術療法　77
　　［3］遊戯療法　86
　　［4］リアリティ・セラピー（現実療法）　91
　　［5］ブリーフ・セラピー　96

Chapter 3　保育哲学・思想と保育カウンセリング　107

1. 倉橋惣三　107
　　［1］倉橋惣三という人　107
　　［2］倉橋惣三の教育観・保育観　109
　　［3］倉橋理論の今日的意義と保育カウンセリング　111
2. フレーベル　113
　　［1］フレーベルという人　113
　　［2］フレーベルの教育観・保育観　114
　　［3］フレーベルの今日的意義と保育カウンセリング　118
3. モンテッソーリ　119

[1] モンテッソーリという人　*119*
　　[2] モンテッソーリの教育観・保育観　*120*
　　[3] モンテッソーリ教育の今日的意義と保育カウンセリング　*124*
4. ヴィゴツキー　*125*
　　[1] ヴィゴツキーという人　*125*
　　[2] ヴィゴツキーの教育観・保育観　*126*
　　[3] ヴィゴツキーの今日的意義と保育カウンセリング　*130*

Chapter 4　保育とカウンセリングの実際　　　　　　　　　*133*

1. 教育・開発的カウンセリング　*133*
　　[1] サイコエジュケーション（Psychoeducation）の展開　*133*
　　[2] 保育カンファレンス（ビデオ自己評価法）　*138*
　　[3] グループカウンセリング（構成的グループエンカウンター）
　　　　151

2. 援助的・治療的カウンセリング　*160*
　　[1] 発達援助・発達相談とは　*161*
　　[2] 子どもの発達への理解と援助　*162*
　　[3] 子どもの発達状況への理解――発達検査の活用　*167*
　　[4] 巡回相談　*177*

Chapter 5　これからの保育カウンセリング　　　　　　　　*187*

1. 保育カウンセリングと子育て支援　*187*
　　[1] 子育ての責任者は誰か――保育カウンセリングとのかかわり――
　　　　187
　　[2] これからの子育ち・子育て支援の課題　*190*
　　[3] 子育て支援の課題と保育カウンセリング　*194*
　　[4] 子育て支援における保育カウンセリングの特徴　*197*

2. 保育カウンセラーの育成　*199*

［1］保育カウンセラー的役割の必要性と配置の現状　*199*
　　　［2］関連学会における動向と保育現場で求められる専門性　*201*
　　　［3］「保育カウンセラー」的役割の担い手の育成　*204*
3. 保育カウンセリングの啓発活動　*207*
　　　［1］必要性の再確認と導入の方向性—役割のレベルに着目して—
　　　　　208
　　　［2］「保育カウンセリング」という名称について　*212*
　　　［3］保育者と「保育カウンセラー」とのかかわり　*212*
　　　［4］討　　論　*214*

　　索　　引　*219*

Chapter 1
保育とカウンセリング

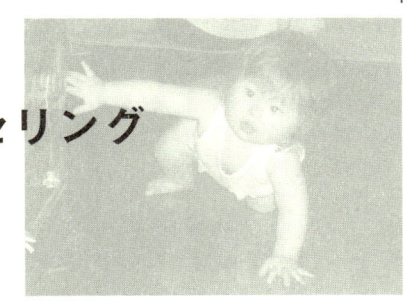

1. 保育カウンセリングの背景

　子どもを育てる，子どもが育つ環境が激変しています。保育という営みにもっとも大きな影響を与えているのが社会環境の変化でしょう。そして，その影響から保育現場は危機的状況に追い込まれています。子ども達が悲鳴をあげているのです。

　なぜ，カウンセリングが必要なのかといったその背景をみることで，保育とカウンセリングとの関連を見出すことができればと考えます。

[1] 子どもを取り巻く社会の変化

　近年になり，子どもを取り巻く環境が激変し，子育ち（子育て）親育ち（親育て）に大きな影響を及ぼしています。高度経済成長とともに女性の社会進出が急速に進み，働く女性はもとより，働く母親の数を増大させ，それに伴うように保育所入所を待っている児童（待機児童）が都市部を中心に増大する傾向にあります。とくに乳児の入所希望が多く，保育所および保育士の不足が社会問題となっています。反面，幼稚園では働く母親を支援するために「預かり保育」を実施はしていますが，基本的に働く母親を対象とした保育内

容ではないため，幼稚園の園児数が激減し，閉園に追い込まれた園も少なくありません。

女性のライフスタイルの変化も子どもを取り巻く環境を激変させました。結婚しないまたは婚期が遅れる女性が増え，子どもを産まない，産んでも少数といった傾向が少子化問題を引き起こし，この少子化の問題は深刻です。また，未婚で子どもを育てたり，離婚による一人親家庭が増大したりと家庭環境そのものもかなり変化しています。このような子育て混乱期に子育ての難しさを少しでも解消し，少子化をストップさせようとエンゼルプランを皮切りにいろいろな形で子育て支援の施策が打ち出されていますが，なかなか少子化を食い止めることはできていないのが現状です。このような子どもを取り巻く社会環境の変化は，結果として，一番弱い子どもにしわ寄せがきているといわざるを得ない事件を相次いで起こさせています。その，最たるものが虐待の増加でしょう。また結果として，その「育ち」そのものにも影響を及ぼしているといわれています。基本的な生活習慣が身についていない子どもが目立ったり，運動能力の低下が危惧されるなどといった現象にそれが見てとれるのです。

[2] 保育現場で起きている危機的状況

1）生活できない　保護者が何らかの形で職業をもちながら子育てをしているケースが，保育所は当然ですが幼稚園でも多くなっています。忙しい父親と母親と生活する子どもは，良きモデルである両親からその生活を学ぶ時間が余りにも少なすぎるのです。それどころか，夜ふかしの子どもも多く，幼稚園や保育所に登園するなり大きなあくびをしている子どもも少なくありません。あくびならまだしも，朝食もとらないで登園し，着替えも遊びもできないで座り込んでいる子どももいます。基本的な生活リズムが整っていな

い，乱れている子どもへの保育は至難の業です。

　子どもたちの食習慣も問題にされています。食育という言葉が今や市民権を得ていますが，いかに食事の問題が子どもたちに影響を及ぼしているかがわかります。好き嫌いのレベルならまだしも，かなり偏った物しか口にできない子どももいます。また，アレルギーへの対応も保育者の重要な業務となっています。さらに，咀嚼(そしゃく)ができないで柔らかいものしか食べられず，給食で特別メニューを用意し，物をかむ練習を保育者がするといったケースまであります。人間の基本的な生活である食生活がむしばまれています。

　この他に，着替えができない，排泄のしつけがまったくなされていない，歯磨きができない，うがいができない，箸が持てない，片付けられないなどなど，生活の基本がまったく身についていない子どもが非常に多く，その援助に追われている保育者の相談を受けることも年々増加しています。とくに，トイレットトレーニングの遅れは深刻です。3歳になってもおむつが外れない，紙パンツの中でしか排便ができないといった排泄のトラブルを抱えた子どもが少なくないのです。

　2）遊べない　　少子化の影響なのでしょうか，人とかかわる力が未熟な子どもが多いのです。核家族化により家庭の構成員の数が減り，必然的にコミュニケーションの対象も減り，コミュニケーション量も質も大きく変化したことはいなめません。とくに，きょうだい関係から学ぶ関係を依田（1990）はナナメの関係（縦の関係と横の関係の両者をもち合わせた関係）とよんでいますが，その関係から学べる機会が減っていることは間違いないでしょう。「入れて」「いいよ」といった遊びの関係を始める言葉も使わず，いきなり人の遊具を横取りしてけんかになったり，けんかをしてもなかなか謝れなかったりと基本的な社会的なスキルが身についていない子どもが多いのです。そのために，乳幼児期のもっとも大切な学習活

動の原点である「あそび」が充実したものへと発展しにくい状況がみられます。また、少子化のためか、大人が子どもの「あそび」相手になる家庭も少なくありません。自分で発見する、自分で試すことが本来の「あそび」の醍醐味であり、それが学習の原動力となるのですが、大人が援助してくれるのを待っていて、自分から遊び出そうとしない依存的な子どもの姿もみられます。

3) 生きられない　この問題は深刻です。乳幼児は自分一人では生きていけません。このような依存的立場で弱い存在の子どもが生の危険にさらされています。その最たるものが虐待です。巡回相談をしている保育現場でも軽重はありますが虐待のケースは少なくとも1件以上はあります。そしてこれは氷山の一角に過ぎないという危惧をもっています。その背景には、両親の不仲、離婚による一人親家庭におけるさまざまな状況があり、その原因は一つではありませんが母親と父親の子どもへの責任感の薄れがその結果を生んでいるようにも思います。子どもにとって何よりも大切なかけがえのない両親が子どもの命を奪おうしているのです。

[3] 幼稚園教育要領・保育所保育指針改定から見えること

1) 告示された保育所保育指針　平成20年度は保育の根幹である幼稚園教育要領および保育所保育指針の改定が行われる変革の年でした。とくに保育所保育指針はこの第三次改定で大きく、これまでのガイドラインとしての位置づけから幼稚園教育要領に並び「告示」になり、内容もスリム化され、それを補うものとして解説書が作成されました。第一次改定（平成2年施行）は人間としての個々の育ちに着目した改定でした。そして、第二次改定では子どもの人権と家族援助という視点が盛り込まれ、子育て支援へ向けての改定でした。第三次改定では子育ちの基本における親の愛情の重要

性に着目し，乳幼児と養育者との相互関係を重視し，保育内容では「養護」と「教育」を一体的に行うことを明確化しようとしています。

2) 保育の根幹で今強調されている内容　　地域・家庭との連携が強調されています。子育ての危機を迎え，地域の教育力が問われているのです。そこで，現在，問題にされている小1プロブレム（小学校に入学しても集団生活になじめない，着席していられないなど社会性が身についていない子どもの増加による学級経営上の問題等）や虐待の防止を図ろうと「小学校との連携」と「保護者に対する支援」がさらに強調されています。

3) 保育者の資質向上・保育者支援　　このような危機的な状況で保育者の役割は拡大し，保育者の資質向上は欠かせない課題となり，これまで進められてきた保育者の自己評価をさらに進め専門性を高め，社会のニーズに応えていける保育者の養成，育成が強調されています。また，保育所保育指針では保育所の所長（施設長）の責務も明確化されました。

このような多岐にわたる保育者の役割を遂行するにあたり，保育者への負担は増大する可能性があります。そのためにも，保育者が一人の人間として成長し，保育者としての力量を高めることができるような支援が必要であることも言及されています。

2. 今求められる，保育カウンセリング

今求められる保育カウンセリングはどのようなものなのでしょうか。保育カウンセリングについてその姿を明らかにするためには，それぞれの保育現場で現在取り組まれているアプローチから今求められる「保育カウンセリング」を定義していきたいと思います。

[1] 保育カウンセリングの2つの方向性

　保育の世界でカウンセリングという言葉が注目されたのは，平成2年に改定された幼稚園教育要領をきっかけに文部省が保育者の資質向上を図るために示した「保育技術専門講座資料」の中で，幼児理解を踏まえた保育者のより良い援助に必要な保育者のカウンセリングマインドが強調された時からととらえることができるでしょう。世間一般でも，心の問題の解決方法としてカウンセリングが注目されていますが，その使い方は実にさまざまで，化粧品や健康相談一般から，不登校といった深刻な問題までカウンセリングという言葉でそのアプローチが扱われている現状があります。一方で精神科医や臨床心理士などの心理の専門家が心理的な治療やケアといった援助を行う「心理療法」と「カウンセリング」が識別されず，混同した状態で現在もこの2つの概念が存在しています。

　國分（1980）はカウンセリングについて心理療法とは識別して，健常な人を対象とした援助活動として，カウンセリングとは，「言語および非言語コミュニケーションを通して行動の変容を試みる人間関係である」と定義しています。また，國分（1998）は『サイコエジュケーション』という著書の中でとくに，積極的・開発的・教育的なアプローチとして「育てるカウンセリング」を提唱し，その必要性を強調しています。そこで，本書においても保育カウンセリングの守備範囲を教育的・開発的カウンセリングと発達障害などへの対処を視野に入れた援助的・治療的カウンセリングの2つの方向性からとらえ考えていきます。

　1）教育的・開発的カウンセリング　教育的・開発的カウンセリングとは先にも紹介したように，カウンセリングの知見を活用して心を育てることを目的においたアプローチを指します。不登校や非行といった問題が現在は深刻な学校教育の問題として取り上げられていますが，相談活動を行っていると，その問題の発端や原因

が乳幼児期にさかのぼって関連しているケースが多いことに気づきます。麻疹はかつて，乳幼児期の早い時期に罹患すると軽く済むということで，麻疹に罹った子どもにあえて接触させたといった原始的な子育ての時代がありましたが，どのような病でも初期段階で解決すれば軽く済むのは通例です。心の病や発達の問題も二次障害を起こす前に手を打つことが求められます。また，健康全般からいっても病気にならない身体づくりが求められるのは当然で，このような点から心の教育についても積極的に「強くてしなやかな心」を育てるアプローチが保育でも求められると思います。

　保育現場では，子どもたちのソーシャルスキルやライフスキルの欠如，未発達が危惧されています。このようなスキル獲得にも「感じる心」を幼いうちから育てることは有効なのではないでしょうか。そこで，本書ではカウンセリングの知見を活用した保育における「心の教育」の実践についても紹介したいと考えます。

2) 援助的・治療的カウンセリング　　援助的・治療的カウンセリングと心理療法とは識別されます。なぜならば保育カウンセリングの範疇では治療を目的としていないからです。どのような心理的な病や障害を抱えていても保育という営みの中で，その発達を支える，その支援が連携等で必要になる基本的な治療を側面的に支えるという考えから「援助的・治療的カウンセリング」という言葉でこの領域を扱おうと考えました。

　保育現場では，従来「統合保育」という方法で健常児と障害をもった子ども達を一緒に保育する試みが行われてきました。現在は「統合保育」といった言葉はあえて使わずに，どこの保育現場でも基本的に発達に問題を抱えていても健常児と一緒に生活することができるように保育者の加配が市町村などで配慮されています。2007年度から学校教育では「特別支援教育」がスタートしましたが，保育現場ではすでに特別支援教育が行われてきていたのです。しかし，

発達障害に関しては、従来の保育内容や技術だけでは到底対処できません。障害に関する基礎知識はもちろん、それぞれの障害に対応できる援助技術といった専門性が求められます。しかし、現在そのような対応ができる保育者は少ないのが現状です。そこで、本書では保育者の専門性の向上と専門機関とより良い連携がとれるための基本的な発達支援を含めたカウンセリングについて紹介したいと考えます。

[2] 保育カウンセリングの定義

保育カウンセリングとは何かといった確定的な定義はないのが現状です。杉原（2007）は保育カウンセリングを「乳幼児の発達上の問題解決と発達促進に関わる援助的なはたらきかけである」と定義しています。前述した教育的・開発的カウンセリングと援助的・治療的カウンセリングの2つの概念を含むものとしてとらえることができます。そこで、具体的な援助の対象は誰なのか、誰がそのカウンセリングを担うのかといった視点から保育カウンセリングの目的や内容をとらえることとします。

1) **保育カウンセリングとは**　先にも述べたように、カウンセリングのとらえ方も時代の変遷の中で変化して、そのニーズに応えることが求められてきているといえるでしょう。そして、カウンセリングはその各論として「学校カウンセリング」「キャリアカウンセリング」「教育カウンセリング」「老年カウンセリング」「児童期カウンセリング」とその発達課題やそのカウンセリングが行われる「場」や「機能」などからそのアプローチが枝分かれし、さらにそれぞれのアプローチによってその専門性が問われるようになってきました。このような流れの中で、筆者は未だ乳幼児の発達に寄り添うカウンセリングの概念がないことに気づき「保育カウンセリング」という新しいカウンセリングの概念を提唱する必要があると考

えました。

そこで、本書で扱う「保育カウンセリング」という言葉のもつ意味について定義しておく必要があると考えます。

保育カウンセリングとは

①「保育」という乳幼児期の発達を促進し、援助する営みの中で行われるカウンセリングの総称です。

②乳幼児の命を守り生活を支える「養護」という視点と、発達に必要な学習活動を支える「教育」という視点を総合的にな視点から展開される援助活動です。

③従来のカウンセリングの考え方を基本としますが、カウンセラーとクライエントといった2者関係のみならず、乳幼児を主たる中心とし、関連する人的な資源のすべてを対象とします。

④援助的・治療的カウンセリングと教育的・開発的カウンセリングという2つの方向性から行うアプローチです。

以上の定義をもとに、保育カウンセリングにおけるアプローチを図1-1に示しますのでご参照ください。

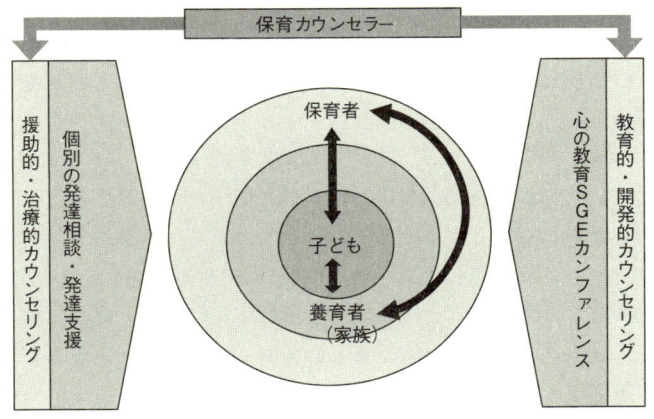

図1-1 保育カウンセリングにおける2つのアプローチ

2) 保育カウンセリングの対象

ⅰ) 子どもへの発達支援　杉原（2007）の定義でも示しているように，保育カウンセリングの主たる対象は子ども（乳幼児）です。保育カウンセリングの目的が子どもの成長・発達を保育という営みの中で援助するという方法を中心として支援するものだからです。

ⅱ) 保護者への支援　保育カウンセリングでは保護者もその対象となります。なぜならば，乳幼児期はとくに保護者が重要な人的資源であり，その発達を支える主たる養育者だからです。保護者の問題が結果として，子どもの心の発達をはばんでいるケースは少なくありません。保護者の心の健康はそのまま子どもの心の健康に直結しており，切り離せない関係なのです。そこで，保育カウンセリングでは保護者もその主たる対象として扱うこととします。

ⅲ) 保育者への支援　保育者は保育カウンセリングの担い手であると同時にカウンセリングの対象者でもあるという二面性をもつ特殊な存在です。保育者は保護者に代わり日常の子ども達の発達を支える重要な人的資源であり，保育者の心の健康が保護者同様，子どもの発達に大きな影響を及ぼします。一方で近年，保育者のバーンアウトや，うつ病になり保育現場を去る保育者が目立ち，保育者を支援するという点でも保育カウンセリングが必要でその対象となります。

3) 保育カウンセリングにかかわる人的資源

ⅰ) カウンセラー・セラピスト　本書ではカウンセラーとセラピストを識別して扱うことを前提とします。まず，カウンセラーとはカウンセリングを行う人とし，健常な人の援助を目的としています。一方，セラピストとは心理療法を行う援助者で心理面に病理を抱えている人の援助を目的としています。カウンセラーとセラピストを識別する理由はその専門性における役割の範囲を認識しその援助にあたるという専門家としての責任を明確にするためです。

2. 今求められる，保育カウンセリング

　実際の援助過程では，この2つを識別してその援助にあたることが難しい場合が少なくありません。乳児期に入園した園児を保育している過程で，初めはその兆候が認められなかったものが，成長とともに発達障害の特徴が現われ，その結果発達障害と診断されるといったケースも乳幼児期では起こりうるため，ここまではカウンセラーで，障害児と認められたらセラピストというように担当を替えるわけにはいかないのが現状です。ただ，自分の専門性の中で何をどこまでするのかという役割の範囲をわきまえ，自分の援助に責任をもつという心構えは重要なことと考えます。

　ⅱ）**保育者**　　保育カウンセリングでは保育者はカウンセラーではないにしても，日常の生活場面で直接的に子どもの成長・発達を支援する援助者として養育と教育の専門家としてカウンセラーやセラピストとともに連携してその援助にあたることが望まれます。とくに，保育カウンセリングでは日常生活を共にしている保育者の存在は大きいのです。

　保育という営みは，生活や遊びを中心として総合的に子どもの成長・発達を複数の保育者が連携しながら支えるといった特徴があり，学校教育現場におけるカウンセリングと同じに考えることはできません。その特殊性や独自性から保育カウンセリングは学校カウンセリングと識別され展開されるものです。

　ⅲ）**保育カウンセラー**　　幼稚園教育要領および保育所保育指針の第三次改定に向けて，保育現場におけるカウンセリングの導入が検討され，保育カウンセラー制度についても，保育学会などの学術団体が中心となり検討委員会を設けその導入を検討しています。前述したように，保育という営みの特殊性や独自性を十分に理解したうえでカウンセリングが行われることが望ましいのです。現在，保育カウンセラーとして保育現場で活躍している人も，保育カウンセラーという資格を有しているのではなく，心理の専門家や臨床心理

士や臨床発達心理士などの一般のカウンセラーやセラピストがその役割を担っているのが現状です。今後は保育内容を十分に理解し，保育の特殊性・独自性をいかした保育現場のニーズに対応できる保育カウンセラーの育成が必要になると考えます。また，さらに保育カウンセリングの専門家（保育カウンセラー）の育成と保育者のカウンセリング研修が保育界の大きな課題となるでしょう。

　ⅳ）**保護者**　カウンセリングにピアカウンセリングというものがあります。ピアとは同朋，友人，仲間という意味ですが，保護者は問題を抱え援助を求めている保護者の仲間として側面的に，または友人として直接的に援助者となる可能性があります。カウンセラーやセラピストのような心理の専門家ではありませんが日常的な場面での援助はとくに子育てに関して重要な役割を果たします。子育てネットワークや子育てサポーターといったピアカウンセリングの環境や援助者の育成も現在，児童館や公民館，幼稚園や保育所などの子育て支援の取り組みの中で積極的に取り組まれはじめています。

[3] 保育カウンセリングの特徴

　これまで，保育カウンセリングにおける2つのアプローチ，保育カウンセリングの定義，保育カウンセリングにおける対象（誰がカウンセリングを行うのか・誰にカウンセリングが行われるのか）について述べてきました。本節では，保育カウンセリングがどのような機能をもち，関連諸機関と連携して展開されるのかについて「保育カウンセリングモデル」（図1-2）を提示し，さらにこのモデルにおける特徴，学校カウンセリング（スクールカウンセリング事業で展開されてきたアプローチ）との違い等について検討していきたいと思います。

　1）保育カウンセリングにおける保育カウンセラーの機能と

2. 今求められる，保育カウンセリング

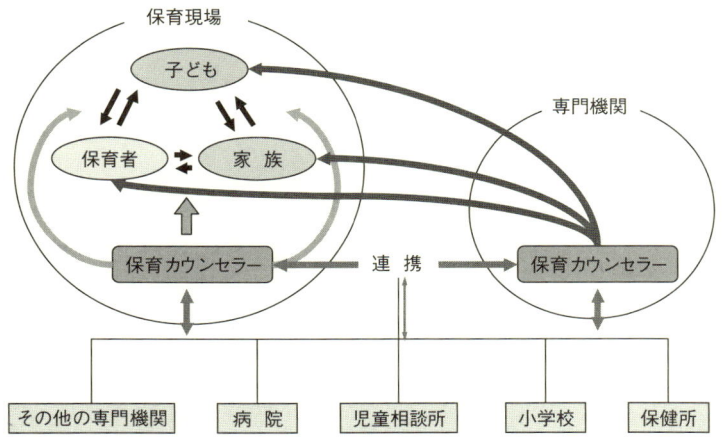

図1-2 保育カウンセリングモデル（仮説）

守備範囲　図1-2に示すように，保育カウンセリングは保育現場を中心としてその援助が展開されます。しかし，子どもを支援するという視点に立てば，保育現場にとどまらず，子育て支援センター，保健センター（保健所），行政（市役所や県庁等の関連部署），病院，児童相談所，小学校（幼保小の連携上）などの専門機関と，その子どもの問題に応じて連携しながら進められていくことが求められます。そこで，保育カウンセラー的役割の者は保育現場での支援に加え，関係専門機関との連携をコーディネートしたり，専門機関のカウンセラー，医師，教師，看護師，保健師といったそれぞれのスペシャリストとも必要に応じて協働したりすることが求められると考えます。

　その理由として，乳幼児を対象にしていることがあげられます。人間成長の基礎がつくられる乳幼児期の発達は目覚しいものがあります。一方でその支援が遅れることにより重篤な結果を招いてしまう可能性も高いのです。とくに発達障害への対応や虐待への介入

など，一刻を争う問題も潜んでいるからです。乳幼児期は身体的にも大人の保護を必要とする時期で，対応を誤ると命を危険にさらす結果になります。このような点から，保育カウンセリングでは乳幼児の成長発達の支援に加え，命を守るという重要な役割があると考え，多くの専門機関との緊密な連携が求められると考えるのです。

2) 保育カウンセリングの特殊性　　中教審で示された保育カウンセラーの専門性を同じく図1-3に示します。この図で示されている保育カウンセラーは，主に幼稚園や保育所で展開されるカウンセリングを想定してスクールカウンセリングとの比較からカウンセラーの役割を説明しようとしたものです。したがって，本書で扱おうとしている保育カウンセリングという視点からみれば，その一部についての比較ととらえることができます。しかし，保育カウンセリングは学校で展開されている「スクールカウンセリング事業」とはカウンセラーの役割も職務内容も違ってくることが考えられます。そこで，本書では，スクールカウンセリングとの識別をするためにこの図を用いてその違いを一例として取り上げようと思います。

この図によると，保育カウンセリングがスクールカウンセリングと決定的に違う点はその職務内容です。スクールカウンセラーの職務内容のトップが「児童・生徒へのカウンセリング」であるのに対し，保育カウンセラーの職務内容には「乳幼児へのカウンセリング」が含まれていません。ここで，紹介した図はあくまでも現在検討されている「保育カウンセラー」についての専門性であり，決定事項ではありませんが，スクールカウンセリングのような面接室でカウンセラーが児童・生徒へのカウンセリングを行うのと同じことを乳幼児対象には行えません。つまり，問題を抱えた子どもたちの支援を従来のカウンセリングの技法では対処できない特別な発達課題の中にある子ども達へのカウンセリングであるという特殊性があ

2. 今求められる，保育カウンセリング

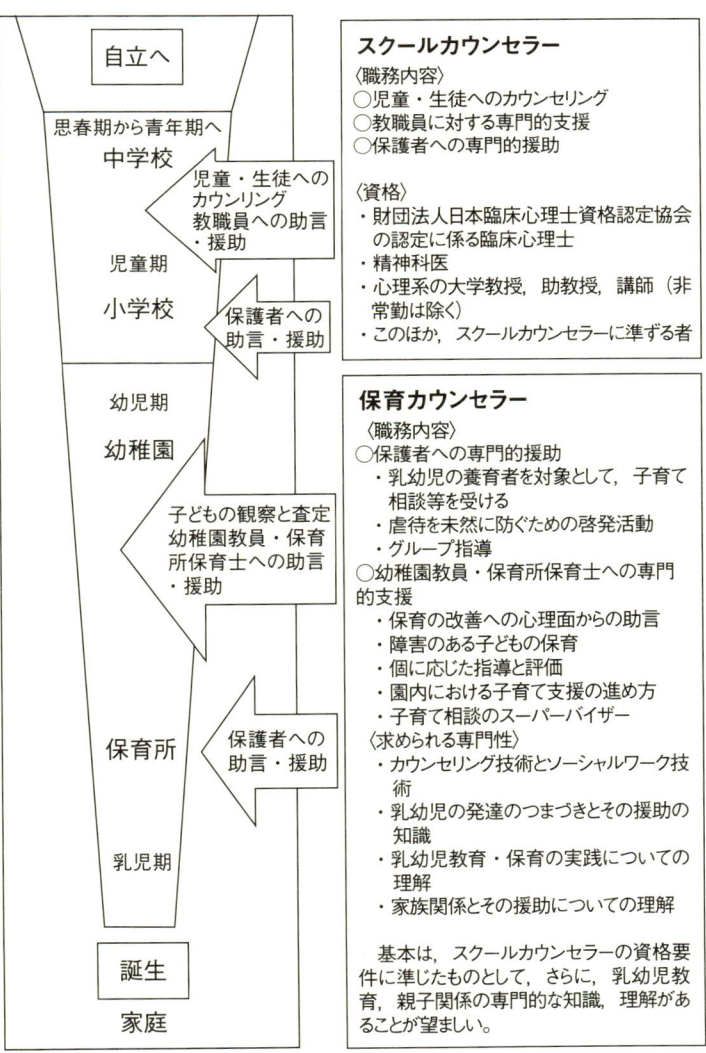

図1-3 保育カウンセラーの専門性（2004，文部科学省）

るのです。

保育カウンセリングの特殊性として，
①対象者の発達課題が違う，
②養護と教育という視点で展開される活動である，
の2点をあげることができます。この学校教育との大きな違いが従来の学校カウンセリングでは対応できない理由です。乳幼児期の発達は心も身体もすべて人間としての基礎・基本がつくられる時期です。そしてもっとも発達の速度が早く，年齢による発達の差がとても大きく，未熟です。そのために，保育は命を守り生活を支える「養護」という視点と，発達に必要な学習活動を望ましい方向に援助する「教育」という視点を総合的に進める点で，使われる技法も違ってくるのは当然です。

筆者は長年，保育現場で保育者として多くの子ども達の育成にあたるなかで，現在はカウンセラーとして保育現場の援助にあたっています。そのなかで考えられることは保育カウンセラーの職務内容として積極的に乳幼児の心を育てる，心を支える保育をするという意味で「乳幼児へのカウンセリング」も，今後必要になると考えます。いや，現在も必要なのですが実際の援助にあたる「保育カウンセラー」という専門家の数が非常に少なく，保育現場にもカウンセリングという概念がいまだ定着していないため，このような積極的な取り組みをしている保育施設は少ないのです。カウンセリングに新しい動向として問題解決や治療といった目的だけで行われるものから，教育的・開発的カウンセリングの展開が期待されるといった動向から考えても，「乳幼児への教育的・開発的カウンセリング」もその内容として検討されることが要望されます。

3）スクールカウンセリング（学校カウンセリング）とは

保育カウンセリングの特殊性を説明するために現在，学校現場で進められている「スクールカウンセリング事業」の実態と予測され

2. 今求められる，保育カウンセリング

る幼稚園や保育所の保育カウンセラーの役割について比較してその違いについてみてきました。そこで，保育カウンセリングという新しい概念を考えるためにはスクールカウンセリングについても概観しておく必要があると考えました。これからの保育カウンセリングを考えるうえでも重要な示唆を与えてくれると考え，この項を設け簡単にスクールカウンセリングについて触れておこうと思います。

ⅰ）スクールカウンセリングの歴史　日本において「スクールカウンセリング」が急速に広がりをみせたきっかけが，文部省のスクールカウンセラー活用調査研究委託事業（一般的にはスクールカウンセラー事業とよばれる）の展開です。1995 年にこの事業がスタートして「スクールカウンセラー元年」とよばれています。従来から，学校教育現場では不登校，非行，校内暴力といったさまざまな問題の解決に向けて教員の資質向上のためのカウンセリング研修を積極的に取り入れ，教員の専門性の育成に努力をしていましたが，教員への支援もできる専門家を学校に配属し，より有効な支援を行うことを目的にこの事業が推進されています。現在，2008 年時点では，日本全国のほとんどの中学校にスクールカウンセラーが配備され，小学校や高等学校においてもスクールカウンセラーの配備が年々充実してきています。しかし，この事業の任用資格は「臨床心理士」ですが，実際はその数が不足しており，「臨床心理士」以外のカウンセリングにかかわる専門家の有資格者をスクールカウンセラーとして任用している市町村も少なくありません。

ⅱ）スクールカウンセリングの実際　スクールカウンセラーの主な職務内容は一般的に児童・生徒へのカウンセリング，教職員に対する専門的支援，保護者への専門的援助とされています（図 1-3 参照）。しかし，スクールカウンセリングはスクールカウンセラーだけが行うものではなく，カウンセリング研修で研鑽を積んだり，民間のカウンセラー資格を取得したりした学校教員が教育相談担当と

してスクールカウンセラーや心理の専門家と連携してスクールカウンセリングを行っています。また,スクールカウンセラーの資格も先にも触れましたが「臨床心理士」のみには頼れず,現在では精神科医,心理系の大学教授,准教授,講師(非常勤は除く),このほかスクールカウンセラーに準ずる者として「臨床発達心理士」や「学校心理士」「認定カウンセラー」などの有資格者も任用され,任用資格の幅が拡大しています。

3. 保育カウンセリングにおける基本的な心構え

　上述のように,保育カウンセリングは学校カウンセリングとは区別され,その独自性や特殊性をいかしたカウンセリングが展開されることが必要であると考えます。この保育の独自性や特殊性をいかしたカウンセリングを展開するうえで必要な基本的な心構えを杉原(2007)は以下のようにまとめています。

[1] 受容と共感

　カウンセリングの基本的態度でも重要視されている「受容」と「共感」は保育カウンセリングでも欠かせない基本的な態度であり,この態度をもってその援助にあたることが重要であるとしています。そして,杉原(2007)はプレイセラピー(遊戯療法)はこの受容と共感の精神(カウンセリングマインド)で満ちあふれていると言及し,この基本的な態度は乳幼児を対象とした心理療法の基本的態度でもあることが理解できます。子どものありのままの姿をそのまま受け止める,そして子どもの楽しさや悲しさを保育者は自分自身の楽しさや悲しさとして思えるかが受容と共感の態度です。

[2] 柔軟な対応

　子どもは一人として同じ子どもはいません。個々に尊重されその個別性をいかされることが、より良い発達支援には重要となります。その子どものもっているアプティテュード（適性）によってその扱い方は変わるものであり、同じやり方をやってもうまくいく子どもとそうでない子どもがいます。杉原（2007）はこの適性を個人の知識、能力、性格特徴、行動特性などの個人差すべてを含む「特性」ととらえるほうが良いのかもしれないと言っています。個人差をていねいに読み取り、このやり方が最善と思い込まず、その子どもの適性にあった援助を柔軟に模索できる保育者の柔軟な心が求められるのです。

[3] 子どもと共に歩む

　杉原（2007）は「子どもと共に歩む─同じ方向を向く、毛嫌いしない」ことが重要であると乳幼児期の発達と親子関係で今注目されている共同注視（ジョイントアテンション）の研究から説明しています。人間関係は応答的な関係であり、この応答性がコミュニケーションの基礎をつくります。コミュニケーションの基礎がなければ援助すらできません。そのような点からも共に同じものを見つめ、同じ歩幅で子どもを支え歩くという心構えが必要です。

4. 保育カウンセリングの関連領域

　「保育カウンセリング」は大きな枠組みからみれば「カウンセリング」の一部であると考えられます。カウンセリングが人への援助全体を指すならば、「保育カウンセリング」は保育という営みで使われるカウンセリングの各論であるともいえるでしょう。そこで、その母体となる「カウンセリング」についてまず始めに取り上げ、

さらに関連する領域について簡単に触れていきたいと思います。

[1] カウンセリング

現在，日本ではカウンセリングという言葉を「相談」という幅広いとらえ方で使ったり，心理的な問題解決に限定して使用したりと，その言葉の使用については混乱しているともいえるでしょう。

「カウンセリング」や「カウンセラー」という言葉はアメリカ生まれで，日本に紹介されたのは昭和20年代といわれています。そこで，アメリカではどのような経緯で「カウンセリング」が生まれたのでしょうか。

アメリカにおけるカウンセリングの起こりは「職業指導運動」「精神測定運動」「精神衛生運動」といった3つだといわれています。当時のアメリカの職業問題に対処するためにこのような運動が起こりました。そして，このような動きのなかで20世紀初頭，職業指導運動を前身とする「全米職業指導協会」が発足し，さらにこの協会の活動が全米に広がり「アメリカカウンセリング学会」が誕生しました。一方で，カウンセリングの基礎を支える「カウンセリング心理学」はアメリカ心理学会の中に「ガイダンス・カウンセリング部会」が誕生したのをきっかけに1955年以降この部会の名称が「カウンセリング心理部会」と改称されカウンセリング心理学という言葉が市民権を得たわけです。アメリカ生まれのカウンセリングはこのような経緯をたどり誕生しましたが，日本に思いのほか早い時点で導入されたことがご理解いただけたと思います。

しかし，カウンセリングがアメリカからの輸入であるという点が起因して，現在では「カウンセリング」という言葉への理解はさまざまです。以下に，渡辺（2002）が紹介している「カウンセリング」という言葉のとらえ方を示し，その混乱を理解していただきたいと思います。

カウンセリングとは……
①カウンセリングは心理療法と同じである。(例：小川, 1995)
②カウンセリングは対話による心理療法のことである。
③カウンセリングはよい人間関係づくりである。
④カウンセリングは傾聴し，指示を与えず，相手の言うことを受け入れることである。
⑤カウンセリングは助言，情報提供をとおして悩みを解消することである。

以上のように，「カウンセリング」という言葉がそれぞれの立場やその機能等によりとらえられていることがわかったかと思います。そこで，このような混乱を整理するために本書では2つの定義を紹介しましょう。

まず，代表的な定義としてハーとクレイマーの定義を紹介します（Herr & Cramer, 1988）。

「カウンセリングとは，心理学的な専門的援助過程である。そして，それは，大部分が言語を通して行われる過程のなかで，カウンセリングの専門家であるカウンセラーと，何らかの問題を解決すべく援助を求めているクライエントとがダイナミックに相互作用し，カウンセラーはさまざまの援助行動を通して，自分の行動に責任をもつクライエントが自己理解を深め，『よい（積極的・建設的）』意思決定という形で行動がとれるようになるのを援助する。

そしてこの援助過程を通して，クライエントが自分の成りうる人間に向かって成長し，成りうる人になること，つまり，社会のなかでその人なりに最高に機能できる自発的で独立した人として自分の人生を歩むようになることを究極目標とする」とあります。

次に「カウンセリング」を日本に広め，日本カウンセリング学会の元会長である國分（1995）はカウンセリングについて以下のよう

に定義しています。

「カウンセリングとは言語的および非言語的コミュニケーションを通して相手の行動の変容を試みる人間関係である」とあります。この定義を分解してみると，カウンセリングの方法としてコミュニケーション，その目的としてクライエントの行動の変容，その営みそのものを人間関係といった大きな枠組みからとらえ心理療法との識別を行おうとしています。

2つの定義からいえることは，カウンセリングは何らかの問題を，人間関係を通してクライエント自身が解決して自己成長していくという発達のそのプロセスに働きかける営みであるととらえることができるでしょう。

[2] 心理療法

心理療法とは，心理面に何らかの問題や病理を抱えている人を対象に行う援助方法です。心理療法はヨーロッパを中心に発展していきました。フロイト（Freud, S.）の精神分析によるアプローチは現代の心理療法の基本となっているといっても過言ではないでしょう。この心理療法はカウンセリングと同じように，人を援助するために多くの心理学的な知見を活用する点では同じですが，病理に対する援助のためには医学的な知見も必要となります。そしてその目的もパーソナリティの変容や，病理による症状の除去といった枠組みで「治療」という形で援助する点が違っています。そのために夢分析，箱庭療法のような心を投影することができるアプローチでその治療にあたることもあります。

しかし，近年では発達障害を抱えた子ども達やグレーゾーンといった発達障害が疑われる子ども達が保育現場で健常な子ども達と一緒に生活する場面も増え，心理療法のような医学的なアプローチも必要になってきています。

[3] コンサルテーション

コンサルテーションとは「専門家が他の専門家の機能を改善しようとするとき、その専門家どうしの関係」を意味するという見解が一般的です（東京発達相談研究会・浜谷, 2002）。この専門家同士の関係で現在、保育現場では心理の専門家（コンサルタント）が、保育の専門家（コンサルティ）にその機能改善のために関係をもち、発達に問題を抱えた子どもなどの特殊ケースに対応している場合もあります。カウンセリングとの違いはカウンセリングではその基本となる人間関係をカウンセラーとクライエントという二者関係を前提としてとらえますが、コンサルテーションでは専門家、保育者、子ども（家族）という三者関係を前提としている点です。

[4] スーパービジョン

スーパービジョンとは同業種における人間関係が前提です。具体的には経験の少ない専門家、たとえば経験年数の浅い保育者が、経験豊富な専門家、先輩保育者から、その業種に必要な知識や技術に関して指導・援助を受けることを指します。カウンセリングや心理療法では資格はさまざまですが、専門家、カウンセラーやセラピストとしての専門性を磨くための学習法として活用されています。

　その目的としては……
　①クライエントの問題を明確にする
　②問題解決の方向性を探る
　③ケースをとらえる枠組みやアプローチの再検討をする
　④自己理解を促進する
などで、専門性を高めることが常に求められています。

[5] ピアカウンセリング（ピアヘルピング）

ピアカウンセリングとは仲間同士の助け合いのことです。保育現

場でいえば同僚がその保育について仲間として援助したり，相談にのったりといったカウンセリングの日常生活版です。一方でカウンセリングの大衆化ともいわれています。子育て支援では母親同士が援助し合えるような場を用意してピアカウンセリングの機能を取り入れようとしています。子育てといった同じ人生のステージで時にはカウンセラー役として，時にはクライエントとしてもちつもたれつの関係の中から自己の人生を発見し支え合って生きていくといった「生き方」の幅を広げる取り組みとして注目されています。同じような境遇だからこそ援助し合え，上下関係ではない暖かな人間関係を築くきっかけになるといった利点もあります。

引用文献

Herr, L. E., & Cramer, S. (1988). *Career guidance and counseling through the lifespan: Systematic approaches* (3rd ed.) Glenview, IL: Scott Foresman.

國分康孝（編集）片野智治・小山 望・岡田 弘（1998）．サイコエジュケーション：「心の教育」その方法　誠信書房

文部科学省（2004）．幼稚園職員の資質及び専門性の向上　幼児教育部会（第13回）議事録・配布資料〈http://www.mext.go.jp/b_menu/shingi/chukyo/chukyo3/008/siryo/04060101/006.pdf〉

日本教育カウンセラー協会（編）（2001）．ピアヘルパーハンドブック　図書文化

東京発達相談研究会・浜谷直人（2002）．保育を支援する発達臨床コンサルテーション　ミネルヴァ書房

冨田久枝・杉原一昭（編著）（2007）．保育カウンセリングへの招待　北大路書房

渡辺三枝子（2002）．新版　カウンセリング心理学　ナカニシヤ出版

依田 明（1990）．きょうだいの研究　大日本図書

Chapter 2
保育カウンセリングを支える諸理論

1. カウンセリングの基本理論と保育カウンセリング

　保育カウンセリングとは「保育」の営み全般を対象とした「カウンセリング」の総称として本書では扱っています。そこで，カウンセリングを論じるにはその基本理論について述べる必要があるでしょう。そして，その各基本理論が「保育カウンセリング」の中でどのように関連し，さらに実践においていかすことができるのかといった議論が必要と考えました。本書では，とくに「保育カウンセリング」において活用が期待される基礎理論を中心に取り上げますが，ここに取り上げた理論にとどまらず，この理論からさらに活用可能な理論の学習へと発展することを願い，まずは基礎からその理解を深めていただきたいと思います。

[1] 精神分析
　狭義には，フロイト（Freud, 1925）の自我構造や人格および精神疾患に関する理論や治療技法を指しますが，広義にはユング（Jung, 1961）の分析心理学やアドラー（Adler, 1935）の個人心理学など，フロイト以後の分派も含みます。ここでは3人の理論について順にみていきます。

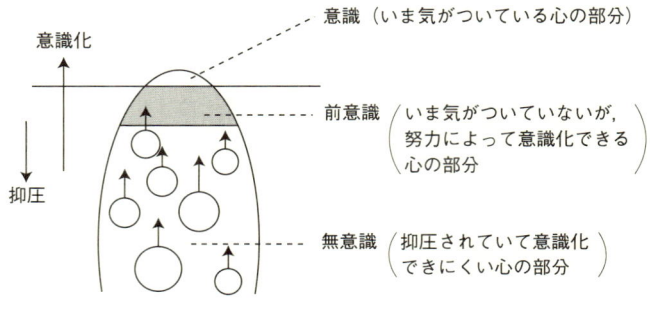

図2-1　こころの局所論（前田, 1985）

1）無意識の理論

フロイトによれば人間の精神には，意識，前意識，無意識があります。前意識とは普段は自分自身気がつかないが，努力すれば思い出すことのできる記憶です。無意識とは自分自身では知ることのできない心の領域であり，フロイト理論では，この領域に抑圧された経験や記憶が固着することで神経症やヒステリーなどの精神疾患が発症すると考えられています。

2）性の理論

フロイトは『性欲論3編』（1905）を著しています。その中で，学問体系の根幹に，根源的欲動（本能）が目指すものが「性の満足」であるとして，その「性欲動」（性の本能）を発現させる力をリビドーと名づけ，出世時からこのリビドーが精神性発達の源泉として働くものととらえました。

この考えを基に，神経症は忘却された過去（乳幼児期に体験した心的外傷など）により，引き起こされるとして，自由連想法という方法により，その心的外傷をさかのぼり治療するという方法論を提唱しました。

これらの基本的な考え方から，幼児の性欲動は性器の統合を目的とする大人の性行為に至るまで，一定の発達を遂げると考え，人間

1. カウンセリングの基本理論と保育カウンセリング

の精神の発達と性欲動との関連を段階的にとらえその発達の理論を体系化しました。精神の発達段階を「口唇期」「肛門期」「男根期」「潜伏期」「性器期」の5つで示しています。

〈口唇期〉

リビドー発達理論の第一段階で，出生から1歳半くらいの時期にあたります。主として食物摂取による口唇，口唇粘膜，舌などのリビドー興奮がその性的な快感につながるものと考えられています。この乳児期にどのような状態でお乳を吸ったかという口唇的快楽に伴う満足感が母親への愛着を育てるとも考えられています。この口唇期に十分な欲求が満たされないと口唇に関する固着行動が現われ，「口唇性格」ともよばれ，他者からの愛情に貪欲で愛情が注がれないと自尊心が保てないといった性格の偏りにつながるともいわれています。

〈肛門期〉

リビドー発達理論の第二段階で，おおよそ2歳から4歳の間に肛門や尿道の括約筋を支配する神経の発達と関連し，自分の意思で大小便の保持，排出が可能になる段階をいいます。つまり，トイレットトレーニングの完成に向けての時期といえます。この段階で重要なことは，母親との信頼関係が成立し，愛着が形成されていれば，愛する母親に応えようと新しく覚えた快感をコントロールしようとし，自分を制することを学んでいきます。この学習は自己コントロールなどの自我の働きの訓練にもつながるのです。フロイトは倹約，几帳面，頑固の性格が同一人物にみられることから，このような性格傾向を「肛門性格」とよびました。

〈男根期〉

リビドー発達理論の第三段階で，口唇，肛門と発達を経てこの段階に入ります。年齢は3,4歳から6,7歳ごろまでの時期に性器（男根）に性感が集中し，男女とも男性器の有無に関心がいき，性

の区別に目覚めます。この性の区別ができるようになると,異性の親への性的な関心を抱くようになり,反面,同性の親へは異性の親をめぐる競争相手として攻撃的な感情をもつようになると考えられています。このような,異性の親への愛着,同性の親への敵意,罰せられる不安の発展を「エディプスコンプレックス」とよびました。

具体的に説明しますと,フロイトによれば,幼少期に男児は母親との間に愛着関係をもち,性愛的な感情も抱きますが,母親は父親と婚姻関係を結んでおり,男児は母親を独占することができません。したがって男児は父親に敵意を抱きつつも,負けてしまうといった不安(去勢不安)を抱き,このような複合的な感情を解消するために父親を同一視して,父親の行動規範(超自我)を獲得していくと考えられました。

エディプスコンプレックス(Oedipus complex)はギリシャ悲劇『オイディプス王』になぞらえたもので,男児の母親に対する近親相姦的性愛,および父親に対する恐れ,対抗心などを含めた複合的感情です。女児の場合には,父親に対する性愛的感情,母親に対する恐れ,対抗心をもつことになり,この場合はエレクトラコンプレックス(Electra complex)とよばれます。

〈潜伏期〉

男根期をもって幼児性欲を終わり,潜伏期に入ります。年齢の幅は書物により多少異なりますが一般的に5,6歳から11,12歳(思春期)ごろまでの間の児童期にあたります。これまでの,身体的部位に向けられていた性欲動が一時,不活発になります。しかし,性的興奮によるエネルギーは産出され,エネルギーは性的目的以外に使われます。それに伴い,超自我が最も発達する時期となります。

〈性器期〉

潜伏期が終わるころ,急速に再び身体的な成熟に伴い性欲動が高まる時期を迎えます。この頃から性器性欲へと移行し生殖活動とい

う目的のもとにその欲動が統合されていきます。この時期は一般的には思春期から青年期に相当します。この時期に大人の性生活の基礎が作られると考えられています。

3) 自我構造の理論

フロイト理論の2番目の特徴に、自我構造の理論があります。これは擬人的な役割をもった複数の心理機能を指しており、快楽原則に支配され本能的な欲望（リビドー）を満たそうとするイド（id）、イドの衝動を抑制し、外界に適応しようとする超自我（super-ego）、およびイドと超自我の衝突を緩衝しようとする調整役の自我（ego）から構成されます。すでにみたように、フロイトは、本能的な欲望の中核に性欲を置き、各発達段階において性欲が身体の一定の場所に発現すると考えて、独自の発達段階説を唱えました。

〈防衛機制〉

自我はイドと超自我の衝突を緩衝する役割をもっており、イドの欲望を社会的に受け入れられる形で表出できるよう調整します。防衛機制（defense mechanism）は自我の衝突緩衝方略であり、合理化、抑圧、補償、昇華、退行などがあります。イドと超自我の対立があまりにも激しくなり、自我の防衛機制が機能しなくなると、葛藤が無意識に沈着し、後年精神疾患を発症するリスクが高まるというのです。

合理化とは失敗の原因を自分の努力や能力などの内的属性に帰さず、社会的に容認されそうなもっともらしい理由をあげて、正当化することです。イソップ物語に出てくる、『すっぱいブドウの話』が合理化の例といえます。

抑圧とは、欲望が意識に上らないようにすることです。幼少期にこの形の防衛機制を行い、欲望が無意識に固着すると、後年神経症やヒステリーを発症する恐れがあるといわれています。

補償とは、自分自身の心身の短所を、他の特徴を伸ばすことで克

Chapter 2 保育カウンセリングを支える諸理論

〔超自我 (super ego)〕
・道徳性・良心（社会や両親のしつけによる社会規範や価値観）
・イドの本能的衝動（性的・攻撃的行動）を抑える
・自我の機能を現実的なものから理想的，道徳的なものにする
・快楽ではなく完全を望む

〔自我 (ego)〕
・人格の中の意識的・知性的側面
・現実法則に従う（適切な現実的対応）
・2次過程（心の中の対象と外界の対象を区別する過程）
・認知機能（内的，外的現実が論理的に把握する）
・執行機能（意志決定し，行動に移す）
・統合機能（判断や行動に統一性をもたせる）
・防衛機能（統合性を維持するための自己防衛）

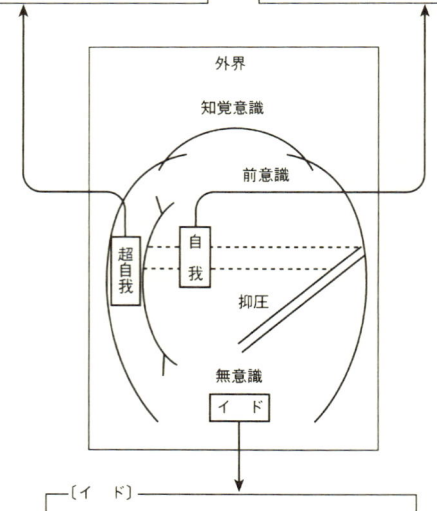

外界
知覚意識
前意識
超自我　自我
抑圧
無意識
イド

〔イ ド〕
・人格の中の無意識的・原始的側面
・心的エネルギー源，行動の源
・生得的な本能的衝動
・幼児期に抑圧されたさまざまな観念
・快楽原則に従う（快を求め，不快を避ける）
・非論理的（行動を統一する機能をもたない）
・反道徳的（価値・道徳的判断をもたない）
・1次過程（緊張除去のためのイメージの形成）

図 2-2 フロイトの性構造論 (詫摩・瀧本他, 1990)

1. カウンセリングの基本理論と保育カウンセリング

表 2-1　防衛機制（Freud, 1932 を改変）

抑圧	意識に上らせないようにすること！（例：忘れる）
反動形成	認められない気持ちがあるときに反対の気持ちをもつ！（例：好き→嫌い）
隔離	体験のなかで感情だけを失う！（例：悲しくない近親者の死）
リビドー転移	性的な感情が、別のものや人に向かうこと！（例：Aさん→Aさんの友人が好き）
抑止	衝動的な感情を表面に出ないようにする！（抑圧とほぼ同じこと）
退行	年齢的に前の段階へ戻る！（例：困ったときの子どもっぽい反応）
逆転	正反対の態度に変わる！（例：能動的→受動的、愛→憎しみ）
投影	自分の感情を自分以外のものに転嫁する！（例：相手が不愉快→相手は自分が嫌い）
取り入れ	相手の行動を自分の一部に取り込むこと！（例：母親似）
打ち消し	前の行為を反対、あるいは別の行為によって打ち消す！（例：攻撃していた相手に妙にやさしくする）
自己への反転	自分の中に閉じこもる、あるいは自分に感情を向ける（例：閉じこもりと自責）
昇華	衝動を社会的に有用なことに使う！（例：露出傾向が優れた俳優）

服することです。病弱な子どもが学業面で努力し，社会的に成功を収めるといったことが補償の例といえます。

昇華とは社会的に満たされないような欲望が存在するときに，その欲望を社会的に容認される形で表出することです。政治に対する不満を，映画や絵画などで表現するといった場合がこれにあたります。

退行とは，以前の発達段階の行動様式に逆戻りすることです。精神分析療法を用いた心理療法では面接中にクライアントが退行を起こしやすくなり，無意識の内容があらわになってくることで治療が進むと考えられています。

4) 精神分析による治療

それでは精神分析では精神疾患を患った者に対してどのような治療が行われるのでしょうか。上述のように、フロイト理論では精神疾患は、自我がイドと超自我の衝突を処理しきれず、葛藤が無意識に沈着することで生じると考えられています。そのため、治療目標はこの葛藤を意識に上らせること（洞察）になるのですが、技法としては自由連想法、治療者による解釈が用いられます。クライアントは寝椅子に横たわり、頭に浮かぶことを批判することなくすべて話すよう求められます（自由連想）。そして自由連想を続けていると、クライアントは黙り込むことがあります。治療者はこの状態を、「クライアントが無意識に抑圧された葛藤と直面することを恐れている（抵抗）」と考え、抵抗を弱めるために、解釈が行われるのです。このような治療を続けていると、クライアントは退行を起こし、幼児期からもってきた両親に対する思いを治療者に向けるようになります（転移）。そして、治療者は転移の解釈を進めていくことでクライアントの洞察を促していき、最終的にクライアントが洞察を得られれば、治療終結となるのです。

6) フロイトからの分派と精神分析論

ユングはもともとはフロイトに師事し、フロイト理論の訓練を受けていましたが、次第に方向性の違いからフロイトから離れていきました。ユングの理論をフロイト理論と明確に区別する場合には分析心理学とよぶことがあります。ユングとフロイト理論の最大の違いは無意識に関わる見解の相違にあったといえます。ユングは精神疾患患者と接しているうちに、彼らの語る内容には多くの共通点があること、また、世界の神話や伝承と一致する点が多いことに気がつきました。このことから、人には個人の経験を超えた人類共通の「集合的無意識」の領域があると考えました。フロイトが「抑圧された経験や感情が沈着した場」と、無意識をあくまでも個人に閉じ

た領域であると考えていたのとは対照的です。

アドラーもユングと同様、最初はフロイト理論を支持していましたが、次第に精神疾患の病因論について見解が異なるようになってきて、最終的には精神分析の立場から離れることになりました。アドラーは劣等感の克服、および優越感の獲得を自身の理論の中核概念に据えています。

さて、これまでみてきたように、フロイトをはじめ、ユング、アドラーなど、精神分析理論は「人間とは何か」という問題に迫ろうとする哲学的色彩の強いものです。したがって、実証的研究の俎上に上らないテーマもあり、ともすると「精神分析は科学ではない」といった批判も見受けられます。確かに精神分析理論に則った治療技法に限界を感じ、新たな心理療法を開発した者（論理療法のエリスや認知療法のベックなど）もいますし、その治療効果を批判した者（Eysenck, 1952）もいます。しかしながら、現代の認知心理学や社会心理学では、閾下プライミング、自動動機といった研究パラダイムの中で、無意識的な情報処理が行動に与える影響が明らかにされつつあります。研究や治療の方法論はともかく、そのアイデアにおいて精神分析理論は現代の心理学研究に今なお大きな影響を与え続けているといえるのです。

6）精神分析と保育カウンセリング

精神分析論は心の構造から発達的な視点まで幅広く、奥の深い理論です。しかし、フロイトがもっとも着目した乳幼児期の発達観はまさに保育現場で起こっている子どもの問題行動を理解する大きな指標を与えてくれます。

なかなか排泄のしつけができない子どもが増えています。そして、これまで1歳半で平均的にとれていた「おむつ」が今は3歳前後と遅れています。この現象と対応するかのように「我慢できない子ども」が増えています。フロイトのいう「肛門期」は重要な発達課題

の時期ととらえることができるでしょう。また，4歳ごろになると男児はしきりと女性保育者の胸を触りにきます。「おっぱい」ある？と尋ねます。母親達はそのことに大変困っていますが，フロイトの「男根期」からとらえれば当然の発達でしょう。子どもの行動の意味やその根底にある発達をとらえなおすとき非常に役に立つ理論と考えます。

また，コンプレクス論ではきょうだい関係の理解や保護者の内面的な感情の理解に活用できましょう。防衛機制も保護者理解や保育者同士の理解に大いに役立ちます。人間の根本的な心の姿を理解するうえで精神分析は保育カウンセリングでも多くの知見を与えてくれます。

[2] 自己理論
1) 自己理論におけるパーソナリティ論

自己理論は，ロジャース（Rogers, 1959）のクライアント中心療法の中核概念となるパーソナリティ理論です。ロジャースの自己理論の第一の特徴は「人間には生来的に自己実現の傾向がある」と仮定したことにあります。自己実現の傾向とは，「自分の有機体を実現していくという生来の傾向」（佐治・飯長, 1983）のことですが，要するに自分をより良いものにしていきたいという欲求のことをいいます。これは目標が達成されれば追求行動が停止するという負のフィードバック機構によって制御される生理的欲求とは異なるものです。

さて，人はこうした自己実現傾向をもちながら，外界と相互作用することになるのですが，発達の過程で経験を内在化しつつ，自分についての知識（自己概念）を形成していきます。そして，ある程度自己概念が形成されてくると自己概念に合致した経験は処理され，自己概念に合致しない経験は無視されたり，無意識に抑圧され

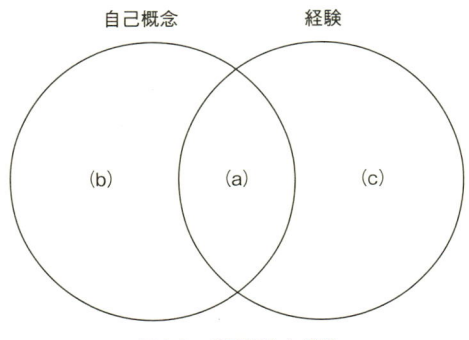

1. カウンセリングの基本理論と保育カウンセリング

自己概念　　　経験

(b)　(a)　(c)

図2-3　自己概念と経験

たりしていきます。つまり，自己概念に沿って情報が取捨選択されるという，トップダウン的な情報処理が行われるようになるのです（図2-3参照）。

ここで，(a) の領域では自己概念と経験が一致しているので，問題とはなりません。(b) の領域は，経験がないのに知覚されている自己概念であり，歪んだ自己認知領域です。(c) は意識に上らない経験領域です。人間は自己を正確に把握することが難しいものであり，自己概念と経験の間の少々のズレがあるくらいならば問題はありません。しかし，自己概念と経験の間にズレが大きくなってくると，次第に外界との相互作用にも問題が生じはじめ，自己実現傾向の達成が妨害されるようになってきます。ロジャースの自己理論では自己実現傾向が妨害されたときに，心理的不適応が生じると考えられています。

2）セラピー論

クライアント中心療法ではロジャースの自己理論に基づいて，経験を自己概念の中に統合していくなかで両者の不一致を解消し，建設的なパーソナリティ変化が生じることを目標としています。そしてこの目標を達成するために，ロジャースはクライアントと治療者

の間に必要かつ十分である6つの条件をあげているのです。ここで紹介する6つの条件は1957年「パーソナリティ変化の必要にして十分な条件」の中で提示されたもので非指示的な方法に対する社会的な批判に対抗して，技術よりもその背景にある態度が重要であることを強調しているのです。

その内容を以下に示すことにします。

　カウンセリングの中でクライエントに建設的なパーソナリティの変化が起こるためには，次の6つの条件がある期間継続することが必要であり，またそれで十分である
　①2人の人間が心理的な接触をもっていること。
　②クライエントは不一致の状態にあること。
　③カウンセラーはこの関係の中で自己一致しており，統合されていること。
　④カウンセラーはクライエントに無条件の肯定的な配慮を経験していること。
　⑤カウンセラーはクライエントに共感的理解を経験しており，それをクライエントに伝えるよう努めていること。
　⑥カウンセラーの無条件の肯定的な配慮と共感的理解が最低限クライエントに伝わっていること。

ここであげられた6つの条件の中でとくに④，⑤，⑥は近年の教育の中でカウンセリングマインドという形で普及しており，子ども理解の手段として重視されています。ただし，注意が必要なのは，何に対して肯定的配慮や，受容をするかということです。たとえば，「先生に怒られた腹いせに，周囲の友達に八つ当たりしている子ども」がいるとしましょう。この場合，配慮されたり，受容されるべきなのは子どものイライラしているという感情なのであって，八つ

当たりという行為ではありません。また、共感的理解についても、「あたかもクライアントの感情を体験している」かのように体験していることが重要なのであって、クライアントの感情体験に没入してしまうことではありません。つまりはクライアントが安心して治療者に自己を投影し、自分自身を客体的に見ることによって、自己概念と経験を統合していくことができるように、治療者はクライアントを援助しなければならないのです。

3) グループへのアプローチ

以上が、自己理論およびクライアント中心療法の概要ですが、後年ロジャースは1対1の面接よりも、集団心理療法のほうへ関心が移っていったため、ロジャースの心理療法をクライアント中心療法とよばずに、パーソン・センタード・アプローチ（person centered approach）とよぶこともあります。ロジャースによって開発された集団心理療法はエンカウンター・グループ（encounter group）とよばれます。エンカウンター・グループでは、複数の参加者がファシリテーター（facilitator）とよばれるグループリーダーの進行に従って、お互いに本音を語り合い、自己発見や孤独感の解消などが目指されます。ただし、エンカウンター・グループの参加者の中には副作用を発症する者がいたともいわれ、エンカウンター・グループを実施する際には、十分に訓練を積んだファシリテーターのもとで行う必要があります。

さて、ここまでロジャースの自己理論や心理療法についてみてきましたが、実際の治療場面では技法らしきものがほとんど出てこないという点には注目すべきでしょう。クライアント中心療法では肯定的配慮、受容、それから共感的理解ということに重点が置かれていますが、これらは技法というよりは、治療者の態度というべきものです。このことから、現代においては、クライアント中心療法の理念はあらゆる心理療法を行う者に必要な資質として考えられてい

ます。

4）自己理論と保育カウンセリング

自己理論の人間観「人間は自己成長するする存在である」は，幼稚園教育要領や保育所保育指針の目指す「子どもの主体的な遊びによる育ちの援助」とあい通じるものがあると考えます。自己理論では悩みを解決するのはカウンセラーではなく，クライエント本人にあります。保育も成長するのは子ども自身の主体的な体験によるもので，大人が主導して育てるものではないという考えに立っているからです。

また，自己理論で求めるカウンセラーの条件はまさに保育者に求められる態度とも共通しています。子どもが主役として成長することを側面的に援助する保育者の基本的態度はまったく同じといえましょう。さらに，自己一致と不一致について自己理論では扱っていますが，この理論も保育者自身の保育の振り返りや保護者の親育ちとしての自己理解などに活用することができます。保護者への相談などではどのような体験に基づいてどのような感情が引き起こされたのかなど，じっくり話を聞き不一致を保護者自身で探せるように援助できることも可能でしょう。自己理論は基礎理論の中でも，保育の根幹と深く関わる重要な内容を示していると考えます。

[3] 行動療法

行動療法とは，学習理論を基盤にしており，人間の不適応を条件づけの原理で理解し，治療しようとする心理療法です。行動療法には多くの技法があり，それぞれ古典的条件づけ，道具的条件づけ，観察学習といった，実験的に確認された原理に従っています。ここでは，3つの学習理論を概観するなかで，それらが不適応の治療にどのように応用されているのかをみていきます。なお，ここで学習

とは「経験による比較的永続的な行動の変容」というように定義しておきます。

1）古典的条件づけ（レスポンデント条件づけ）

古典的条件づけとはパヴロフ（Pavlov, 1927）が行った一連の実験手続きのことです。イヌの消化系の研究をしているときに，パヴロフは，イヌが白衣の給餌者を見ただけで唾液を分泌することに気がつきました。このことに洞察を得て，パヴロフはエサを与えるのと同時にベルの音を提示しました。この手続きをしばらく繰り返すと，イヌはエサが与えられなくても，ベルの音を提示されただけで唾液を分泌するようになりました。これを古典的条件づけといいます。エサは唾液の分泌を自然に引き起こすので無条件刺激（unconditioned stimulus: UCS）とよばれ，一方で，元来唾液分泌を促さなかったにもかかわらず条件づけによって唾液分泌を促すようになったベルの音は条件刺激（conditioned stimulus: CS）とよばれます。そして，エサの提示に対する唾液分泌は無条件反応（unconditioned response: UCR），ベルの音に対する唾液分泌は条件反応（conditioned response: CR）とよばれます。

パヴロフ以後，古典的条件づけに関する研究では，無条件刺激と条件刺激の間の時間間隔や提示順序が，条件反応の形成のされ方にどう影響するのかについて検討されるようになりました。たとえば，「条件刺激を先行提示したほうが，無条件刺激を先行提示するよりも条件反応が形成されやすい」，「条件刺激を先行提示する場合，無条件刺激との時間間隔が長くなるほど，条件反応が形成されにくくなる」といったことが明らかとなっています。これらの知見から，古典的条件づけが成立するためには，条件刺激が無条件刺激のサインとして，個体に認識される必要があるということがわかります。

しかし，古典的条件づけによって形成された「条件刺激－条件反応」の結びつきは永続的なものではありません。いったん古典的条

件づけが成立すれば，しばらくの間は無条件刺激の対提示がなくとも条件刺激に対して，反応は生起します。しかし，ある一定の期間を過ぎると，条件刺激に対して反応が生起しなくなります。これを消去（extinction）といいます。

それでは，古典的条件づけは人間の不適応に対してどのような示唆を与えてくれるのでしょうか。古典的条件づけの知見は，不安障害（anxiety disorder）の発症モデルに用いられることが多いようです。ここでは広場恐怖（agoraphobia）を例にみてみましょう。広場恐怖とは，パニック発作が起こったときに，そこから逃げることも助けを求めることもできない状況に留まることへの恐怖を意味し，単独での交通機関の利用や車の運転，公共の場所への立ち入り，また1人で自宅に留まることができなくなってしまいます（坂野, 2000）。広場恐怖を古典的条件づけに当てはめますと，無条件刺激がパニック発作，条件刺激が公共の場などの広場，無条件反応が恐怖感となります。あるとき，電車に乗っていたら，突然激しい偏頭痛，動悸，息切れが起こり，「自分は死んでしまうのではないか」，「怖い」と思い，その後電車に乗ることができなくなってしまったというのは典型的な広場恐怖の例です。ただし，広場恐怖の条件づけは通常の古典的条件づけとは異なり，多くの場合，ただ1回限りの経験で成立します。さらには，いったん条件づけが形成されると容易に消去できないという特徴も併せもちます。どうやら命に関わるような状況では条件づけがされやすく，さらには消去されにくいといったように，古典的条件づけには生物学的な準備性（readiness）があるようです。

2）道具的条件づけ（オペラント条件づけ）

道具的条件づけはスキナー（Skinner, 1938）によって行われた実験手続きのことで，オペラント条件づけともよばれます。スキナーは木箱の中にラットを入れ，木箱に仕掛けられたレバーを押せばエ

サが出されるように細工をしました。最初の頃，ラットはでたらめに動き回り，レバーを押す頻度は少なかったのですが，徐々にレバー押しの頻度が上昇するようになることをスキナーは観察しました。この場合，エサは報酬（強化子）となっており，ラットはエサを得るためにレバーを押すことを学習したといえます。道具的条件づけの研究では，エサの提示の仕方について改良が加えられました。たとえば，ラットがレバーを押す前にランダムにブザーを鳴らし，ブザーが鳴った後にのみエサを提示します。そうするとラットはブザーが鳴った後にのみレバーを押すようになりました。ここで，ブザーはエサの提示を暗示する先行刺激の役割をもっています。同様に，ブザーが鳴ってから一定時間の後，レバーを押さなければ電気ショックが与えられるといった条件でも，ラットはレバー押しを学習しました。このように，報酬接近行動，罰回避行動のどちらに対しても道具的条件づけは成立するのです。

　道具的条件づけの原理は，トークンエコノミー法，親訓練法などの技法に応用されています。どちらも年少児の行動改善に用いられることが多いようです。

　トークンエコノミー法では，望ましい行動がみられたらトークン（代理貨幣）を与え，望ましくない行動がみられたら，トークンを没収します。そしてある程度トークンが貯まってきたら，ごほうびと交換できるようにしておくのです。

　一方で，親訓練法では望ましい行動，望ましくない行動，許しがたい行動と，子どもの行動をあらかじめ分類しておき，それぞれに対して，報酬を与える，無視する，タイムアウトを行うといった対処をします。子どもが望ましくない行動をした際，周囲の他者がそれに対応すると，子どもが「こうすると，周りの人が注目しくれる」というように解釈し，かえって報酬となってしまう場合があります。したがって，望ましくない行動に対しては無視することで，

望ましくない行動が習慣づくことを避けたほうがよいのです。タイムアウトとは子どもを一定時間他者とかかわりをもてない場所に置くことで，子どもが他者に危害を加えそうになった場合，つまり許しがたい行動をとりそうになった場合に用います。このように，トークンエコノミー法，親訓練法でも道具的条件づけの原理を利用し，望ましい行動には報酬を与えて生起頻度を上昇させ，望ましくない行動には報酬を除去するか罰を与えることで生起頻度を低減させることを目的としています。

　それでは，古典的条件づけと道具的条件づけの両者にはどのような違いがあるのでしょうか。最初に，刺激と行動の生起順序の点で違いがあります。古典的条件づけでは最初に刺激が提示され，それに付随して行動（反応）が生起します。一方で道具的条件づけでは最初に行動が生起して，それに付随して刺激が提示されます。この点で古典的条件づけは受動的学習，道具的条件づけは能動的学習といえます。

　2つ目に，条件づけられる行動が古典的条件づけでは生理的反応であるのに対して，道具的条件づけでは随意的反応であるという点に違いがあります。そうした特徴から，古典的条件づけは不安・恐怖といった生理的反応を伴う情動障害の改善に，道具的条件づけは見苦しい行動，他者に迷惑をかける行動といった随意行動の問題に適用されることが多いようです。

3) 観察学習（モデリング）

　人でも動物でも，直接的に報酬や罰を受けなくても，学習が成立することがあります。この場合，周囲の他者が何らかの行動を起こし，それに対して報酬や罰を受けている状況を個人が観察していることになるので，観察学習といいます。ここで，モデルに与えられている報酬や罰は，観察者の後の行動にまで影響を与えることになるので，代理強化とよばれます。観察学習はバンデューラ

(Bandura, 1969) によって見出された現象であり, 以下の4つの下位過程から構成されます (坂野, 2000)。

1つ目は注意過程であり, モデルの行動を観察する過程です。2つ目は, 保持過程で, 観察結果を記憶することです。3つ目は行動再生過程で, モデルの行動を自分でやってみる段階です。4つ目は動機づけと強化の過程で, 行動に伴い報酬や罰が与えられる段階です。幼少期に子どもが格闘技のアニメを見て, 主人公の振る舞いを真似するようになることがありますが, まさに観察学習の結果であるといえるでしょう。

それでは, 観察学習の原理は行動療法の中でどのように利用されているのでしょうか。観察学習の原理を一部取り入れたものに社会的スキル訓練 (social skill training) があります。社会的スキル訓練では対人関係を良好にする向社会的スキル, 他者との関係を悪化させる反社会的スキルなどがあり, 前者の増大, 後者の減少を目指してロールプレイ, 即時強化などが実施されます。そして訓練の初期段階で観察, モデリングといった手続きが踏まれ, 訓練を受ける者は訓練者の行うスキルを見て真似をするといったことが行われるのです。

4) 認知行動療法への移行

これまで古典的条件づけ, 道具的条件づけ, 観察学習についてみてきましたが, これらの学習理論に基づく行動療法は, 認知行動療法 (cognitive behavioral therapy) の一部としてパッケージ化されています。認知行動療法では, 行動の変容に加えて, 認知の歪みを変容させることで, 情緒的な不適応を改善させようとするもので, 近年の治療研究により, うつ病, 不安障害などの治療に有効であると実証されています。他方で, 認知行動療法は技法が一定しているので, マニュアル化も行われ, 治療者の技能にかかわらず, 比較的安定した治療効果も得られやすいといった特徴も併せもっていま

す。

5）行動療法と保育カウンセリング

行動療法では，望ましくない行動を「誤った学習・条件づけ」の結果，そして／または「望ましい行動の未学習」の結果によるものと考えます。そこで，お弁当や給食の時間に走り回るなど，子どもが不適切な振る舞いをする場合には，「走り回る」という不適切な行動を除去し，「席にすわって食事をする」という望ましい行動を身につけさせることが目標となります。

次に，なぜその子どもが「走り回るのか」「席にすわらないのか」ということについて考えてみましょう。行動療法では「ある行動をするのはその行動によい結果が伴うから」であり，「別の行動をとらないのはその行動によい結果が伴わない，または悪い結果が伴うから」であると考えます。そうした視点をもちつつ，食事の時間の様子を観察すると，先生がその子を必死に追いかけ回したり，他の子がはやし立てたりする姿が見えてくるかもしれません。先生は子どもの不適切な行動をとめようとしているのでしょうが，実はその子にとっては，「先生が注目してくれる」「先生との追いかけっこをみんなが楽しんでくれる」という意味で，「走り回る」ことによい結果が伴っていることが多いのです。

このように，行動療法ではその行動の意味をとらえて，何がその行動を引き起こしているかを探り，その行動が起こらないような工夫を行います。事例の子どものように走り回ることで→注目という行動の方法を変える工夫が求められます。走らなくても→注目されるという保育者の援助があれば行動は変化していきます。

また，保育現場では朝，登園した際に「おたより帳」（呼び名はさまざまですが）という出席シールを貼るノートの日付欄にシールを貼るということが多く取り入れられています。これも行動療法の理論がいかされています。毎日，元気に登園することへの励みとし

てシールを貼る（トークン：強化）ことで、生活習慣を確立しようとするものです。さらに、欠席が1ヶ月ないと「ご褒美シール」がもらえる仕組みになっています。

ここまで行動療法の活用例を紹介してきました。しかしながら、行動療法を実施する以前に、保育者は子どもとの間に暖かい人間関係を築いておかなければなりません。当然ながら、子どもは嫌いな先生の言うことなど聞きたいわけがありません。ですから、保育者は、子どもの気持ちは汲んであげなければなりません。

[4] 基礎理論と保育カウンセリング

基礎理論は保育現場でいろいろな形でいかすことができることがご理解いただけたと思います。しかし、こういった基本理論にしばられ過ぎるのも問題です。残念ながら、人間の振る舞いを完璧に説明できる理論など、この世には存在しません。むしろ、理論では説明できないような現象の方が多いといえます。ですから、保育現場で生じる現象を、すべて基本理論の枠組みから理解しようとしても無理があります。それに、基本理論にとらわれるあまり、個々の保育者の個性（よさ）が押しつぶされてしまっては本末転倒です。基本理論はあくまでも保育実践の手がかりとして利用すべきものであり、保育活動を窮屈なものとするものであってはなりません。

2. 発達理論と保育カウンセリング

保育カウンセリングは、乳幼児期の子ども達の発達を援助する働きかけと考えられています（杉原, 2007）。子ども達の発達を支えるためには、カウンセリングの基礎理論や技法を理解するとともに、子どもがどのように発達をしていくのかを十分に把握することが必要となります。本節では、はじめに発達に関する基礎的な原理や用

語を解説します。そして，発達の諸理論の中でとくに保育カウンセリングに関連すると考えられる 2 つの理論，愛着理論と対象関係論を概観したいと思います。

[1] 発達の基礎理論

1）発達の原理 発達（Development）とは，「受精から死にいたるまでの人の心身の量的および質的変化・変容」（新井, 1997）と心理学では考えられています。この変化・変容はでたらめに生じるのではなく，ある種の原理・原則のような一般的特徴・傾向があるといわれています。これが発達の原理です。発達の原理といわれるものは複数存在しますが，とくに乳幼児期の発達に関して代表的なものをいくつかあげたいと思います（新井, 1982, 1997; 石崎, 2004; 桜井, 1997）。

ⅰ）**遺伝と環境の相互作用** 発達は，両親から受け継いだ遺伝情報の発現と，個体（子ども）を取り巻く環境下での学習経験が互いに影響しあうなかで規定されます。かつては，人の発達を規定するのは遺伝要因と環境要因のいずれかであるという論争が行われましたが，現在では両方の要因が相互に作用しあって発達をかたちづくるという考えが主流になっています。

ⅱ）**分化と統合** 発達は心身の機能が細分化するとともに，それらが互いに結びついてより複雑な機能を獲得するプロセスであると考えられています。たとえば乳児が指先で物をつまむには，5 本の指が分かれて動くようになる分化の過程と，親指と人差し指の動きを合わせることや指の感覚情報と視覚情報を合わせるといった統合の過程を経ることで成立します。

ⅲ）**発達の順序性** 発達にはある程度定まった順序がみられます。たとえば子どもの二足歩行は，首が座る，自力で座った姿勢を維持する，両足で立つといったような発達の順序を経て現われるよ

うになります。

ⅳ）発達の連続性　発達は切れ切れに起こるのではなく，連続的・継続的に起こります。ある発達が次の発達の土台となり，影響を与えると考えられます。

ⅴ）発達の個人差　発達の速度や状態には個人差が存在します。早く発達する子やゆっくり発達する子，ある領域の発達が高いレベルに達する子とそうでもない子，といった違いが生じる可能性があります。この個人差には，前述した遺伝と環境の相互作用が大きく関わってくると考えられます。

ⅵ）発達の臨界期・敏感期　発達には，ある特定の時期に達成されることが求められ，その時期を過ぎてしまうと達成が困難になるものがあります。臨界期の有名な例としては，鳥類の一種にみられる刻印づけ（インプリンティング）があります。人の場合，臨界期というほど決定的なものではなく，もう少し緩やかなものであるとして敏感期という言葉が用いられることがあります。

2）発達段階　赤ちゃんから子どもに，そして大人へと人は連続的に発達していきます。しかしながらそれぞれの時期をみると，赤ちゃんには赤ちゃんの，大人には大人のその時期特有の発達の特徴のまとまりがみられます。この点に着目し，人の発達をいくつかに区分したものが発達段階です（新井，1982, 1997）。一般的には，出生から1歳前後を乳児期，就学までを幼児期，小学生のほぼすべての時期を児童期とし，以降青年期，成人期，老年期と区分されます。また近年では発達の早期に注目し，出生前の時期を胎生期，出生前後の時期を周産期とする区分や，成人期および老年期を複数に区分するという考え方もみられます。発達段階は，その時期の発達的な特徴は他の時期の特徴とは異なるという考えを前提に区分されているため，「この時期の人は，このような発達の特徴や傾向をもっている」といった大まかな理解をもたらしてくれるものといえる

でしょう。

　発達段階は，各時期・各段階における全体的な発達的特徴を説明する場合だけでなく，パーソナリティや知的能力，道徳性や社会性といった個別的な領域の発達の特徴を理解する手段としてもよく用いられています。代表的な例として，ピアジェの発達段階をここではあげます。

　ピアジェの発達段階　　スイスの心理学者であるピアジェ（Piaget, J.）は，子どもの知的な発達をいくつかの段階に区分し，その特徴を述べています。ここでは，一般によく知られる4段階を用いてピアジェの発達段階を説明します（Piaget, 1952, 1953; Piaget & Inhelder, 1966; 滝沢, 2007）。

　ⅰ）感覚運動的段階（0歳から2歳まで）　　感覚と運動を通して自分と自分を取り巻く環境を整理する段階です。自分の体の感覚と運動を結びつけることや周囲のものに働きかけてその変化を感じ取ること，自らの行動と環境の変化の関連性を探索するといった姿がみられる時期です。まだ頭の中で物事をイメージすることが難しい状態にあり，知的な働きかけの対象はもっぱら目の前にあるものに限定されます。

　ⅱ）前操作的思考の段階（2歳から7歳まで）　　頭の中で物事をイメージし，思考することが可能になります。目の前にあることだけでなく，過去に起こったことや今まで経験したことがないことも考えることができるようになるといわれています。この時期からみられる延滞模倣（モデルが目の前にない状況で模倣をすること）や描画，象徴遊び（ごっこ遊び）はこの知的な発達の現われであるといわれています。

　また，物事を頭の中で分解したり整理したりすることが徐々に可能になりますが，まだ大人にみられるような論理的な思考は困難であると考えられています。この代表的な例が保存の理解です。保存

とは,おはじきや水,粘土といった物体の見た目が変化しても,そこに何かを付け加えたり,削ったりしていない場合は,物体の質量は変化していないことを意味します。この段階の子どもは物体の見た目に強い影響を受けてしまい,論理的でなく直観的な思考をしがちであるといわれています。たとえば,同じ形の2つのコップに同量の水が入っており,そのうち一方の水を細長いコップに移し変えた場合,大人は見た目が変わっても水の量は同じままであると判断できますが,この段階の子どもは見た目からどちらか一方の水の量の方が多い(あるいは少ない)と判断してしまう,といわれています。

ⅲ)具体的操作の段階(7歳から11歳まで)　論理的に物事を考えることが可能になり始めます。上の例でいうならば,同じコップの水の一方が細長いコップに移し変えられても,そこに水を増やしたり,減らしたりする操作は行われていないこと(同一性),細長いコップからもとのコップに戻せば同じ見た目になること(可逆性),細長いコップの水はもとのコップのときよりも水面が高くなるが,代わりに幅が狭くなっていること(相補性)などを考えられるようになり,保存の理解ができるようになるといわれています。しかしながら,この時期の論理的思考は,まだ具体的なあるいは現実的な対象に関してのみに限定されており,いわゆる仮説を基にした論理的思考は難しい状態にあります。

ⅳ)形式的操作の段階(11,12歳から14,15歳まで)　具体的な物事にとらわれることなく,ある命題や仮説に基づいて物事を考えることが可能になります。その命題や仮説が現実や自分の信じていることと異なっていても,「間違いである」「ありえない」と拒絶せずに受けいれて,論理的な思考展開をすることができるようになるといわれています。青年によくみられる,現実を飛び越えた理想主義的な思想や非実際的な思考を好む傾向は,この命題や仮説に

基づいた論理的思考が根底にあるとピアジェは指摘しています。

3）発達課題　発達のそれぞれの時期・段階において達成・習得しなければならない課題のことを発達課題といいます（新井, 1982）。代表的なものとしては、アメリカの教育学者であるハヴィガースト（Havighurst, 1972）が提唱したものがあります。ハヴィガーストは人の一生を6つの段階に分け、それぞれの段階における発達課題を述べています。とくに乳幼児期の発達課題として、ハヴィガーストは、①歩行の学習、②固形物摂取の学習、③しゃべることの学習、④排泄の統制を学ぶ、⑤性差および性的な慎みを学ぶ、⑥社会や自然の現実を述べるために概念を形成し言語を学ぶ、⑦読むことの用意をする、⑧善悪の区別を学び、良心を発達させはじめる、の8つをあげています。

また、著名な精神分析学者であるエリクソン（Erikson, E. H.）は、発達課題の考え方を取り込んだ独自の発達段階説を提唱しています。エリクソンは人生を8つの段階に分け、それぞれの段階における発達課題を2つの相反する感覚の葛藤、対立という形で表現しています。たとえば乳児期は「基本的信頼 対 不信」、幼児前期は「自律性 対 恥」、幼児後期は「自発性 対 罪悪感」としています。そして他者や社会とのかかわりのなかで、乳児期においては不信よりも基本的信頼の感覚をより獲得すること、同様に幼児前期は恥の感覚よりも自律性、幼児後期では罪悪感よりも自発性の感覚をより多く発達させることが重要であると指摘しています（Erikson, 1950; 服部, 2000）。

4）発達の基礎理論と保育カウンセリング　発達の基礎理論として「発達の原理」「発達の段階」「発達課題」についてふれてきました。発達の基礎理論はまさに保育カウンセリングというより「保育」そのものの基礎理論でもあり、これらの理論を踏まえて現在の「幼稚園教育要領」や「保育所保育指針」が作成されています。

しかし，保育の根幹である発達の理論は周知のこととして，その重要な意味を見過ごすことも少なくありません。子どもの遊びをじっくりと観察していますと，まさに発達の原理やピアジェの発達段階が手に取るようにみえてきます。ある幼稚園での出来事です。なかなか友達と遊べないC子ちゃんが粘土をまるめて沢山のお団子を作っていました。そこへC子ちゃんの遊びに興味をもったS子ちゃんが近寄ってきて円筒形の遊具を持ってきて「ここにお団子を通してみない？」と遊びに誘いました。円筒形の上から粘土のお団子を入れると，ぽとんと筒のしたから粘土が落ちてきました。一瞬，粘土が見えなくなりまた現われるといった現象が遊びになっています。これは，ピアジェの保存の概念ができ始めていると読み取ることもできます。子どもの遊びには必ず発達的な意味があることがわかります。子どもをより深く理解し，遊びを支え，心を支えるために発達の基礎理論は重要な視点を与えてくれ，保育カウンセリングでもとても重要な視点となるのです。

[2] 愛着理論

1) **愛着理論とは**　愛着（アタッチメント）とは，ある個人が特定の他者に対して接近や接触を求める傾向のことです（Bowlby, 1969/1982）。一般にはより広い意味あいで，この傾向から生じる「人が特定の他者との間に築く緊密な情緒的結びつき」（遠藤，2005）と定義されています。愛着理論とは，この他者との心の絆がもつ意味や形成のプロセス，発達の諸領域に与える影響を体系化したものであるといえます。

愛着理論は，イギリスの医師で精神分析学者であったボウルビィ（Bowlby, J.）によって提唱されました。ボウルビィは1950年代にWHOが行った家庭で養育されない子どもの精神衛生に関する研究に参加し，乳幼児と母親（および母親の役割を果たす人）との親密

な関係が精神衛生の基本にあると指摘しました。そしてこのような人間関係のない状態を「母性的養育の喪失」とよび、パーソナリティ発達や対人関係の発達に悪影響を及ぼすという考えを明らかにしました (Bowlby, 1951)。

ボウルビィがこの考えを提唱した当時，母子の親密な関係は子どもの欲求を母親が充たしてくれることから派生するものであるという，いわゆる二次的動因説が学習理論や精神分析の中では主流でした。この考え方に対してボウルビィは疑問をもち，人間は保護を得るために特定の他者と親密な関係をつくることを求める本質的傾向があると主張しました。この考えを中核にしたボウルビィの愛着理論は，多くの研究者によって支持され，現在では人間の社会的 - 情緒的発達における一大理論となっています (Bowlby, 1988)。愛着理論についてはさまざまな研究が行われていますが，ここでは乳幼児期の愛着の発達とその個人差について中心に論じ，さらに保育カウンセリングとの関係を考えたいと思います。

2) 愛着の発達　　愛着そのものは目に見えるものではありませんが，特定の人物に対する具体的な行動から愛着が生じていると心理学では考えます。この行動は愛着行動といわれます。ボウルビィ (1969/1982) は発達初期の愛着行動として，愛着対象を識別し，目で追うなどの注意を向ける定位行動 (orientational behavior)，泣き叫ぶ，微笑む，呼ぶといった信号行動 (signaling behavior)，後追いやしがみつきといった接近行動 (approach behavior) の3つをあげています。定位行動は愛着対象を見出すものであり，信号行動は愛着対象を子どもの方に接近させる可能性をもつ行動，接近行動は子ども自身を愛着対象に近づけたり，その状態を維持させる行動です。いずれも愛着対象との接近，接触を引き起こす機能をもつ行動であるといえます。愛着行動は恐怖や不安を感じたり，疲労したりといったストレスフルな状況下において顕著に現われ，保護

2. 発達理論と保育カウンセリング

され世話を受けることで静まるとされています（Bowlby, 1988）。

この愛着行動の現われ方は，子どもの身体的心理的発達や愛着対象との関係によって変化します。ボウルビィ（1969/1982）は愛着行動の変化から，4つの段階による愛着の発達プロセスを設定しています。そのプロセスは以下のとおりです。

第1段階：人物弁別を伴わない定位と発信（誕生から生後8～12週頃）　子どもは人に対して親密な働きかけを行いますが，この段階では人を識別する力はまだない，あるいは非常に限定された状態にあります。そのため注目する，笑うといった愛着行動を母親に代表される主たる養育者だけでなく，その他の人に対しても同じように示します。

第2段階：一人（または数人）の弁別された人物に対する定位と発信（生後12週頃から生後6ヶ月頃）　子どもが人に対して見せていた親密な働きかけは，見知らぬ人よりも母親など養育をしてくれる人に対してより多く，はっきりと現われます。人の顔や声の識別が徐々にできるようになり，見知らぬ人を見つめるときよりも長い時間養育者を凝視する，見知らぬ人に抱っこされていても養育者の方を見つめる，見知らぬ人の顔より養育者の顔を見ると微笑や発声が多くなる，といった相手によって異なる行動がみられるようになるのです。

第3段階：発信ならびに動作の手段による弁別された人物への接近の維持（生後6，7ヶ月頃から2歳頃）　子どもは人をはっきりと識別できるようになり，その反応もより変化してきます。母親など主たる養育者に対する愛着は，子どもの行動から明らかになるのです。また家族や保育者が，主たる養育者に次ぐ二次的な愛着対象として選ばれますが，そうでない見知らぬ人たちに対して子どもは不安や恐怖，警戒心を引き起こすようになります。ボウルビィは，子どもは複数の人を愛着対象とすることがあるが，そこには階層性が

あり，一人の人（多くの場合は母親）に対してとくに強い愛着をもつ傾向があるとしています（ボウルビィはこれを単向性，モノトロピーとよんでいますが，この考え方に疑問を示す研究者もいます）。運動能力の発達から愛着行動のレパートリーが増加し，養育者の後を追いかける，外出していた養育者を笑顔や声をあげて出迎えるといった，子ども自身が愛着対象への接近を試みる行動がみられるようになります。また，愛着対象を活動拠点と位置づけて，周囲の環境に働きかける探索行動が活発に行われるようになるのです。

この段階の中で子どもは，何が自分の不安や恐怖をやわらげ，安心をさせるのかを理解し始め，それを手に入れるために自分の行動を調整することができるようになります。つまり，愛着対象である養育者に保護してもらうことで自分の不安や恐怖はやわらぐことや，養育者の存在を確認する，または養育者に近づくことで安心できることに気づくのです。さらに養育者が自分から見えなくなっても，存在しなくなってしまったわけではないことをわかりはじめ，養育者の行動のちょっとした予測が徐々に可能になります。しかし，この段階の発達状況では養育者の行動はどのようなものによって影響を受けるのか，また養育者の行動を変化させるために自分ができることは何かを理解することはまだ難しい状態にあります。

第4段階：目標修正的協調性の形成（3歳前後から）　　母親など主たる養育者がもつ意図や欲求，またそれを達成するための手段についてある程度推測できるようになります。そして，それらを考慮したうえで自らの意図や欲求，行動などを調整できるようになります。このような調整ができるようになる背景には，愛着対象である養育者がどのような行動をするか，自分がどのような行動をするか，そして自分と養育者の間にどのようなかかわりあいが生じるか等についての，その子なりのモデルが心の中に構築されているためである，と愛着理論では考えるのです（この心の中のモデルを内的

作業モデルといいます)。このモデルを基盤にして子どもは自らの行動をプランニングし，自分と養育者の意図や欲求，あるいはそれらを達成させる手段を調整しあい共有化させるというような，協調性（partnership）とボウルビィが主張する関係の基礎を形成するとされるのです。

またこの段階では，時間や空間認識の発達から養育者がどこにいて，いつ帰ってくるかを予測できるようになることや，必要としているときに養育者が助けてくれるということが心の中にしっかりと内在化され（内的作業モデルとなり），愛着行動の頻度や強度は徐々に減少していくと考えられています。

3) **愛着の個人差**　子どもの主たる養育者への愛着は，子どもの愛着行動とそれに対する養育者の対応のなかでつくりあげられていきます。そのため，この二者のかかわり方によって形成される愛着は一様なものではありません。この愛着の個人差について体系的な研究を行ったのがエインズワースらです（Ainsworth, Blehar, Waters & Wall, 1978）。彼女らは，新奇場面での母親との分離と再会，見知らぬ他者とのかかわりというストレスフルなエピソードを乳児に経験させるストレンジ・シチュエーション法という実験方法を開発し，各エピソードに対する乳児の行動特徴から愛着の個人差を検討しました。とくに母親との分離エピソード，および母親との再会エピソードに対する行動特徴からグループ A，グループ B，グループ C の大きく3つの愛着のパターンがあることをエインズワースらは指摘しています。

ストレンジ・シチュエーション法における各グループの行動特徴は，以下のようにまとめられています（Ainsworth et al., 1978; 繁多, 1987）。グループ A の子どもは，母親との分離エピソードで泣くなどの悲しみを示すようなことはほとんどなく，再会エピソードにおいても歓迎する素振りをあまり見せません。母親への接近・接

触が少なく、むしろ避けるような行動を示すといわれています。母親からの回避行動が大きな特徴とされるグループです。それに対しグループBの子ども達は分離エピソードに対しては悲しみを示し、再会エピソードに対しては母親への歓迎を見せ、接近・接触といった愛着行動を強く示します。また、グループBはその特徴として、分離エピソード以前や、再会エピソードでしばらく母親との接近・接触を体験した後、母親を拠点とした探索行動をよく示すことがあげられています。グループCは、母親に対して接近・接触を求める行動と母親に対して反抗する行動という矛盾する行動が現われることを特徴とするグループです。分離エピソードに対して苦痛を示しますが、グループBとは異なり分離エピソード以前から不安を表わすことが多くみられます。また再会エピソードではグループBと同様に接近・接触を求めるのですが、なかなか慰められず、母親に対して反抗的な行動を示す場合もあると報告されています。一般にグループBの子ども達は安定した愛着が形成されており、グループAおよびグループCの子ども達は不安定な愛着の状態にあるといわれています。

　エインズワースらは、この3つのグループに所属する子どもの母親についても行動観察を行っており、その特徴を明らかにしています。グループBに分類される子どもの母親は、子どもが出すさまざまな信号に敏感で、それに対して適切に対応できることが多く、子どもを受容し協調的な働きかけをしていることが明らかにされました。その一方でグループAとグループCに含まれる子どもの母親は、子どもの出す信号に対して鈍感であったり、無視することがあり、またその対応も子どもが求めるものと一致しないことが多くみられたといいます。とくにグループAに分類される子どもの母親の大きな特徴として、抱きしめるなどの子どもとの身体接触に対して嫌悪感を示すことがあげられています。

2. 発達理論と保育カウンセリング

　これらの資料をもとに，グループAの子どもが母親に対して回避的な行動をとるのは，子どもが接近・接触を求めても母親から拒絶されることによって生じている可能性が指摘されています。近づくことで拒否され，不安や不快な気持ちを味わう，また抱きしめられても，触れられることを嫌がる母親との接触は快いものではないでしょう。このようなことが，子どもが回避行動をとるようになる一因と考えられています。またグループCに含まれる子どもの母親は，グループAの子どもの母親のように身体接触に対して拒否的ではないのですが，子どもの発する信号に対して鈍かったり，対応が不適切な傾向にあります。このような母親の働きかけによって，グループCの子ども達は回避行動こそ示しませんが，母親に対して不安をもつようになり，それがさらに怒りにつながって反抗的行動を生みだしているのではないか，と考えられています（繁多，1987）。

　また，グループAおよびグループCの子どもの行動と母親の養育の関係は，母親との接近を維持するという観点からも解釈することができます。グループAの子どもの母親は，子どもが愛着行動を示すことに拒否的な面があるため，愛着行動を示すほど母親との接近が保てなくなってしまいます。そのため，グループAの子どもは愛着行動を示さないことや，回避的な行動を示すことによって，逆説的にある程度の母親との近さを維持していると考えられます。またグループCの子どもの母親は，子どもの愛着行動に気づかなかったり，うまく対応してくれないことが多いとされています。そのため母親との接近・接触を引き出し，維持するためには，強い愛着行動を示し続けて，母親の注意を引きつけることが確実なアプローチとなる可能性が考えられます。反抗的な行動もまた母親の注意を引き出す手段として考えることができるでしょう。これらに対して，グループBの子どもの母親は子どもの出す信号に敏感で，

適切に対応することから、子どもは母親に対して「困ったときに助けてくれる」という信頼感、安心感を形成しやすく、そこからしっかりとした愛着が形成されていくと考えられます（遠藤,1997）。

ボウルビィ（1988）は愛着のパターンは持続しやすい傾向にあること、そしてこのパターンは徐々に内的作業モデルに取り込まれ、子どもの特性となっていくことを指摘しています。自己と愛着対象についてのモデルは、子どものパーソナリティの形成や、他者とのかかわり方、いわゆる社会性の発達に関与すると考えられています。愛着のパターンが発達に与える影響は少なくないといえるでしょう。

4）愛着の発達と保育園　女性の社会進出や不況による経済的事情などから、近年共働きを行う家庭が増えてきました。またシングルマザーとして子どもを育てている母親もあまり珍しくなくなってきました。こういった社会的背景のもと、早い段階から保育所に子どもを預ける家庭が近年とくに増加しています。厚生労働省の調べでは、平成17年4月の段階で、保育所の利用児童数は約199万4千人であり、就学前の子どもの30％弱を占めるようになっています。その中でも、とくに低年齢児（0〜2歳）の子どもは60万人を超えています（厚生労働省,2005）。

これまで愛着理論を概観してきましたが、そこで中心的に述べられていたのは母子間の愛着の発達が想定されているものでした。ボウルビィ（1969/1982）は主たる愛着対象は母親でなくともなり得ることを主張しているのですが、一方で母親の方がより有利であることも指摘しています。保育所という環境が子どもの愛着の発達に与える影響は、保育カウンセリングに関わる者にとっては非常に気になるテーマであるといえます。家庭での養育と保育所での養育の差異として、繁多（1987）は、①「日中母親と離れて生活していること」、②「複数の養育者によって養育されること」、③「集団で養

2. 発達理論と保育カウンセリング

育されること」をあげています。このような保育所における養育の特徴と子どもの愛着の発達との関連については、多くの研究がなされています。そのいくつかを述べることにしましょう。

ラター（Rutter, 1981）は愛着理論に関する研究の詳細な分析のなかで、保育園（デイ・ケア）の生活が乳幼児の愛着の発達に与える影響について概観しています。ラターは、①保育園で養育された子どもも家庭で育てられた子どもとほぼ同時期に愛着を発達させるとともに、その主たる愛着対象は保育園の職員ではなく、一般には親たちに対してであること、②非常に早い段階からの保育園での乳児に対する養育が、必ず問題を生じさせるというわけではないこと、③保育園での養育はある程度子どもの社会的発達に影響を与えるが、その方向性はプラスとマイナス両方の可能性があること、などを指摘しています。ラターは、保育園での養育が何も影響をもたらさないと結論づけることも、かつては危険であると強調されすぎであったが何の危険も生じさせないと考えることも誤りであるとし、さらなる研究が必要であると述べています。保育園の経験が子どもの愛着の発達やその他の発達にある特定の影響を及ぼすとははっきりいえないものの、少なくとも保育園イコール愛着の発達に悪影響という単純な関係にはないということができるでしょう。

日本では、繁多（1987）が質問紙調査およびストレンジ・シチュエーション法を用いて、保育所で養育されている乳幼児（保育所児）と家庭で育てられている乳幼児（家庭児）の愛着の発達を比較しています。全体的な傾向として、保育所児のほうが乳児期における母親への愛着行動の出現がやや遅いということや、1歳以降にみられる愛着行動は保育所児のほうがより活発だが、その一方で母親を拠点にしての探索行動は家庭児よりも少ないことが指摘されています。しかし、保育所児は母子間の接触が少ない子どもほど、接近・接触といった愛着行動が多く生じることや、愛着パターンの出

現率には保育所児と家庭児には違いがみられなかったことも併せて明らかになりました。これにより繁多は保育所児にみられる愛着行動の特徴は母子関係の質的な歪みを反映しているのではなく、日頃の接触量の限定が背景にある可能性をあげています。そして、保育所児は愛着の発達に問題を抱えているという証拠は得られておらず、子どもと可能な限り触れ合おうと努力する母親であるならば、保育所という生活環境の中でも子どもはしっかりとした愛着を発達させ得るだろうと主張しています。

ラター（1981）も繁多（1987）も保育園児の愛着の発達における保育園側の要因の重要性を指摘しています。ラターは概観した研究のほとんどが保育の質が高い保育園で調査されたことを強調し、繁多は母子の愛着の発達を促進する保育園側の要因を検証することを重要な課題としてあげています。シャファー（Schaffer, 1998）は昼間の集団保育が子どもの発達に与える影響を概観し、保育園がある基準を充たしているならば、園での生活は子ども達の社会化にプラスに働く可能性が高いことを主張しています。この基準としてシャファーは保育の一貫性と質をあげています。一貫性とは、子どもに対してある程度連続して対応でき、その子どもへの保育に責任をもてる保育者の配置を意味しています。また質については、物理的環境の質や保育者の数、熟練の度合いなどを含みますが、それ以上に保育者と子ども達の相互作用の質、とくに1対1状況でのやり取りや子ども一人ひとりの個性に合わせた働きかけなどが重要な要素として述べられています。シャファーは「特定の子どもたちの持ち前を十分に発揮させるスタッフの能力と、それをできるような施設の体制こそ、昼間保育のサービスを評価するうえで、もっとも重要な基準として認識されるべきである」と指摘しているのです。多くの家庭が保育園を活用している現代において、愛着をはじめとする子どもの発達によりよく働く保育園や保育者のあり方を詳細に検討

していくことは，きわめて重要であるといえるでしょう。

5）愛着理論と保育カウンセリングと愛着理論　愛着理論を子育て支援や保育カウンセリングと関連づけて考えるとき，重要なキーワードになるのは安全基地（secure base）という概念です。子どもは自分の手の届くところに愛着対象がいて，困ったときにすぐに対応してくれるとわかると，活発な探索行動ができる（Bowlby, 1988）のです。子どもに安心感を与えるという愛着対象の主たる機能が安全基地といえるでしょう。ボウルビィは両親による安全基地の提供が子育ての中心になるとしており，安心感が与えられる養育の重要性を主張しています。また愛着理論の成人の臨床への活用を考えるにあたって，ボウルビィはまず援助者がクライアントの安全基地となることをあげています。安心した環境の中でクライアントが自分の人生を振り返り，自分のもつ自己と他者についての内的作業モデルの適切さを検証できるように支援することを援助者の役割としてあげているのです（Bowlby, 1988）。

前述したように，子どもの愛着のパターンは徐々に内在化され内的作業モデルとなり，自己と他者についてのイメージとして社会性やパーソナリティの発達に非常に大きく関与すると考えられています。そして愛着のパターンは，子どもの行動に対する養育者の対応の中で形作られるものです。よりよい愛着形成の支援を考えるならば，養育者へのアプローチを考慮することが不可欠となります。ボウルビィ（1988）は，養育者が行う養育の仕方に大きな影響を与える要因を2つあげています。1つは，養育者がかつて受けた養育の仕方です。親は自分が育てられたように子どもを育てるとはよく言われており，近年では虐待の世代間連鎖というかたちでしばしば取り上げられています。そしてもう1つは，親自身が現在受けている情緒的な支援の程度です。安心，安定を得るために愛着対象を求めることはすべての年代の人々にみられるとボウルビィは指摘してお

り，子どもの愛着対象となっている養育者自身も例外ではありません。養育者に対する情緒的支援が乏しく，養育者自身が不安定な状態にいることは子どもの愛着形成に対して決して肯定的には働かないといえるのです。原田（2006）は，現在の日本の子育ての中で主たる養育者である母親が抱えている問題をいくつか指摘しています。その中で，多くの母親が子育てに対して不安感や負担感，イライラ感を抱えていることや，これらが体罰の使用や子どもを避けたいといった気持ちと関連していることが明らかになっています。子育て支援や保育カウンセリングを考えるには，カウンセラーや保育者といった援助者が母親にとっての安全基地になることを基本的な姿勢として考えていくことが必要になるでしょう。母親とのやり取りのなかで，「子育てで困ったときには，カウンセラーや保育者が適切な援助を与えてくれる」という信頼感を形成していくことが，母親を安定させより望ましい子どもへの働きかけの基盤になっていくと考えられるのです。

[3] 対象関係論

1）**対象関係論とは**　対象関係論は，おもにイギリスを中心として発展した精神分析の一派からもたらされました。この理論は，心の中にある対象（自分以外の人や物）についてのイメージがどのように形成され，実際の対人関係やパーソナリティ発達，心の病とどう関わっているのかを解釈することを目指すものです。ただ，対象関係論には統一された理論は存在せず，複数の学者が独自の理論展開を行っています。代表的な対象関係論の学者としては，クライン（Klein, M.）などがあげられますが，ここではウィニコットの考え方を取り上げることにします。

ウィニコット（Winnicott, D. W.）は，イギリスの精神分析学者であると同時に小児科医であり，自らの母子臨床の経験を基に子ど

もの心的世界の発達とそれに関わる母親の役割の重要性を明らかにしたといわれています。ウィニコットは，多くの研究論文を発表していますが，その内容をまとめあげて理論化しているとは言いがたいことが指摘されています（小此木, 2002）。そこで，ここではデイビスとウォールブリッジ（Davis & Wallbridge, 1981），エイブラム（Abram, 1996），小此木（2002），深津（2003），井原（2006）など，国内外におけるウィニコットおよび精神分析の概説で補足しながらウィニコットの発達理論を大まかに述べようと思います。

2) 母子関係の発達と依存　ウィニコット（1965）は，母子関係の発達の中核となるキーワードとして依存（dependence）をあげています。発達の初期の段階においては，子どもは母親から養育を受けないと存在することはできません。母親に依存することによって初めて生存し，発達することができます。母子関係の発達は，この完全に依存した状態から自立した状態への移行プロセスとして考えられます。ウィニコットは，この依存の段階として大まかに3つをあげています。

ⅰ) 絶対的依存　母親からの働きかけ，養育に完全に依存している状態であり，そして子ども自身はそのことに気づくことができない状態です。自他が分かれておらず，自分の内側と外側の区別もついていない未分化・未統合の状態（小此木, 2002; 深津, 2003）にあるといえます。

ⅱ) 相対的依存　この段階になると，自分が母親に依存していることに気づき，母親にしてもらいたいことを気づけるようになります。絶対的依存から相対的依存への変化は，母子の一体化した状態から分離した状態への変化を意味します（深津, 2003）。

ⅲ) 自立への方向　子どもは母親からの養育がなくても，やっていけるだけの手段をもつようになります。ここでいう自立とは他者にまったく依存しない孤立した状態ではなく，互いに助けあい，

支え合う相互依存の関係をもちながら自立するということを意味しています（深津, 2003; 井原, 2006）。

この依存の段階は，一般には出生後6週間から3，4ヶ月にかけてが絶対的依存，そこから18ヶ月～2歳くらいまでが相対的依存の段階と考えられています。これらの段階をクリアして，ようやく「自立への方向」という段階がはじまるとされます（Abram, 1996）。ここでは，絶対的依存および相対的依存の時期における子どもの心の発達と，母親の養育の意味を概観します。

3）絶対的依存における子どもの発達と母親の役割　　絶対的依存から相対的依存に至る過程で，子どもの中に生じる変化としてウィニコットは3つのことをあげています。それは自我の統合（integration），人格化（personalization），対象と関係をもつこと（relating to object）です。自我の統合はバラバラでまとまりのない心がまとまり，自分というものが明らかになりはじめることであり，人格化とは心と体が密接に結びつくことです。そして対象と関係をもつこととは，自分以外の存在（人や物）とかかわりをもつことを意味しています（Davis & Wallbridge, 1981）。

これらの変化そのものは基本的には生得的なものですが，母親の養育がないとその変化の過程（これを成熟過程といいます）がうまく進まないとウィニコットは考えています。この母親の養育が，有名な「抱えること（抱っこ, holding）」です。「抱えること」は実際に子どもを抱っこすることだけでなく，絶対的依存の状態において環境から与えられるすべての供給を表わすものであり，一日を通して繰り返される育児のすべてを含むものとされます（Winnicott, 1965; Davis & Wallbridge, 1981）。子どもが安心していられるような時間や空間を提供し続けることが「抱えること」であり，この中で子どもの心はまとまり発達していくと考えられます（深津, 2003）。「抱えること」の一側面として，「あやすこと

(handling)」という働きかけがあります。ほどよくあやされることで、子どもは自分の身体を自分として認識できるようになります（Davis & Wallbridge, 1981）。また、「対象を差し出すこと（object presenting）」という働きかけがあり、絶対的依存の段階では子どもが望むときに望む対象を提示することを意味します。子どもが授乳やおしめ換えといった何らかのケアを望むときに、母親によって適切なケアがなされることと考えることができます（Davis & Wallbridge, 1981; 井原, 2006）。子どもの発達と母親の養育は対応しており、母親が抱えることで子どもの自我が統合され、母親があやすことで子どもの心身は結びつき、母親が適切なタイミングで対象を差し出すことで、子どもは対象とかかわりをもてるようになるといえるでしょう（深津, 2003; 井原, 2006）。

またウィニコット（1965）は、この依存の時期における母親の特殊な心理状態にも言及しています。子どもが生まれてしばらくの間、母親は「母親の原初的とらわれ（Primary maternal preoccupation）」という子どもに同一化し、子どもの気持ちに非常に敏感で、子どもの世話に取り付かれたような状態に陥るとしています。その心理状態のおかげで、母親はじょうずに子どもの欲求を読み取り対処できるとウィニコットは説明しています。またウィニコットは、実際の母親でなくともこの心理状態に没入することができる女性ならば、十分に母親と同様の役割を担うことができると主張しています。

4）相対的依存における子どもの発達と母親の役割　母親から適切な養育を受け続けるなかで子どもの発達は進み、相対的な依存の状態に推移していきます。先に述べたように、自分というものがまとまり、自分以外の存在に気づくようになります。また、自分がその存在に頼っていることを認識するようになります。子どもは自分の欲求を認識し、それを充たしてもらうために母親に対して

何らかの信号を送るようになるのです。母親の方は,「母親の原初的とらわれ」から徐々にさめるようになりますが,同一化ではなくこの信号に従って養育をするようになります (Winnicott, 1965)。ここでは母親が子どもの要求にうまく対応できない事態が起こるようになりますが,その体験が子どもの心をさらに発達させるきっかけになるといわれています。繰り返しますが,絶対的依存の段階では子どもは自分の内側と外側,自分と自分以外の存在がうまく区別されていません。そのため母親の養育によって生じる変化は,自分の外から生じたのではなく自分の中から現われたものと子どもは認識するとされています。たとえば,空腹を充たすために与えられた哺乳瓶のミルクを,子どもは自分で作り出したものと勘違いするのです。これをウィニコットは錯覚とよんでいます。ここから,子どもは自分が求めたものを自分が作り出すことができる,という全能感をもつようになると考えられています。この全能感の体験は,子どもが現実世界と相対するときに不可欠な経験になるとウィニコットは指摘しています (Davis & Wallbridge, 1981)。錯覚は,子どもの要求に対して母親がうまく答えられない事態が起こることや,子ども自身が母親に依存していることに気づくこと,などによって徐々にさめはじめます (脱錯覚)。全能だと思っていた自分が実はそうではないことや,自分の思いどおりにならないことがあることを知るようになるのです。逆にこの時期において,絶対的依存の時期と同様な子どもに先んじた母親の対応は,子どもにとってかえって悪影響を及ぼすことをウィニコットは指摘しています。

要求に対して母親が答えられないことで子どもに欲求不満が生じ,攻撃につながることがあります。しかし,このこと自体や,これに対する対応も発達上重要であることがあげられています。相対的依存の段階に入った当初の子どもは,主観と客観の区別が十分についていません (それゆえに全能感がもてるといえます)。むしろ

主観的な世界に生きているといえます。母親を攻撃することは、子どもの心の中にある母親イメージの破壊と、子どもの攻撃にもかかわらず実際の母親は破壊されずにいる、という二重の体験を子どもにもたらします。このことが、自分の思い通りにならない、心の外の世界にある存在（外的、客観的対象）への気づきをもたらすことになるのです（小此木, 2002）。また、ここでは攻撃されてもそれをうけとめ、また子どもに対して仕返しをせずに生き残る（survive）ことが母親に求められる役割であるとされます。これによって子どもは自分に報復しない、信頼に足る存在を攻撃してしまったことに罪悪感をもつようになります。そして、自分のしたことを償おうとすることから、「思いやり（concern）」の気持が生まれるとウィニコットは指摘しています（井原, 2006）。この時期は、徐々に子どもが現実の世界と触れ始める時期であるといえ、母親に求められる役割として小此木（2002）は「対象が幼児の思い通りにならないこと」と「絶えず幼児のそばにいて一貫して存在し続けて世話すること」の2点にまとめています。

5）対象関係論と保育カウンセリングと対象関係論　先に述べたように、対象関係論にはさまざまな考え方が存在します。中にはクラインのように、子どもの心的世界に焦点化し、現実世界とのかかわりをあまり考慮しないものもあります。ウィニコットは、発達の早期において子どもと母親を1つの単位としてとらえ、子どもの心の世界の発達と現実世界、とくに現実の母親の養育との関係を述べたところに大きな特徴があるといえます。母親に対するウィニコットの記述で最も有名なものは、「ほぼよい母親（good enough mother）」でしょう。これは育児に没頭し、子どもがもつ発達する力を促進する環境を整え、与えることができる母親を意味します。「母親の原初的とらわれ」の状態に入ることができ、子どもの発達に合わせてその状態から徐々にさめていけることが大きな

要素としてあげられるでしょう。そして普通の母親は特別な訓練や教育を受けることなく、このようなことができているとウィニコットは指摘しています（小此木, 2002）。「抱えること」や「(子どもの攻撃に報復せずに) 生き残ること」などは普通の母親が行っている育児の一環であり、ウィニコットの考えは自然な働きかけが子どもの心の発達に対して非常に重要な意味をもっていることを教えてくれているといえます。また、子どもの要求にうまく答えられないことや、子どもが示す攻撃性といった、ともすればネガティブに考えられがちなものに発達に不可欠なものとしての意味あいを与えています。完璧な育児を求めて悩む母親に対して、新しい視点をもたらしてくれる非常に興味深い理論であるといえるでしょう。

ウィニコット（1965）は、「ほぼよい母親」による働きかけの重要性を述べるとともに、この働きかけが与えられないことや、または途中で失われてしまうことが子どもの心理発達に悪影響を及ぼすと主張しています。保育カウンセリングとウィニコットの理論を関連づけて考えるとき、母親が子どもにとって「ほぼよい母親」として機能するようにいかに支援していくかが１つのポイントになると考えられます。またウィニコット（1987）は、医師や看護師、教師といったいわゆる専門家が育児に介入することが母子間の微妙で繊細な交流を損ねてしまい、かえって子どもの発達にネガティブな影響を与える危険性があることも指摘しています。紋切り型のアドバイスではなく、母親が自らのもつ子育ての力を引き出せるようにする働きかけが保育カウンセリングに求められるといえるでしょう。

3. その他の理論と保育カウンセリング

これまで概観してきた心理学理論は、保育カウンセリングにおけ

るいわば基礎理論です。実際に保育カウンセリングを行っていくうえでは，それらの基礎理論をもとに，いかに実践を行っていくのかということが重要なポイントとなるでしょう。これから紹介する各理論は実践的な理論です。これらの理論は，対人援助にかかわる実践家たちの経験から構築されてきたものが多く，その内容は具体的で保育カウンセリングに従事する者たちにとって有効な考えを提供してくれるでしょう。本節では，家族療法，芸術療法，遊戯療法，リアリティ・セラピー，ブリーフ・セラピーの5つについて概観していきます。

[1] 家族療法

　保育場面で子どものさまざまな問題に直面すると，その原因を「家庭の問題」「親子関係の問題」といったように家族の問題としてとらえることが少なくありません。このことからも予想できるように，子どもの問題は何らかの意味で家族に関係していることがほとんどです。これらのことを考慮すると，「家族療法」の理論は，保育に有効な視点を提供してくれるものと考えられるでしょう。

　1）家族療法の基本的な考え方（家族療法の特徴）　　家族療法はこれまでみてきた心理療法とは大きく異なる特徴を有しています。

　第1の特徴は，問題の原因を家族成員間の悪循環に求めるということです。精神分析などをはじめとする多くの心理療法においては，問題の原因をその人の過去の葛藤や非合理的な思考などの個人内の要因に求め，その修正が治療の目標となります。一方，家族療法では問題の原因を，その人と他の家族成員との間の非機能的な関係に原因を求めます。問題は好ましくない家族関係性によってもたらされ維持される，すなわち家族内の悪循環の結果ととらえているのです（このような考え方を「円環的因果律」（図2-4参照）とよ

直線的因果律

[原因] → [結果]

円環的因果律

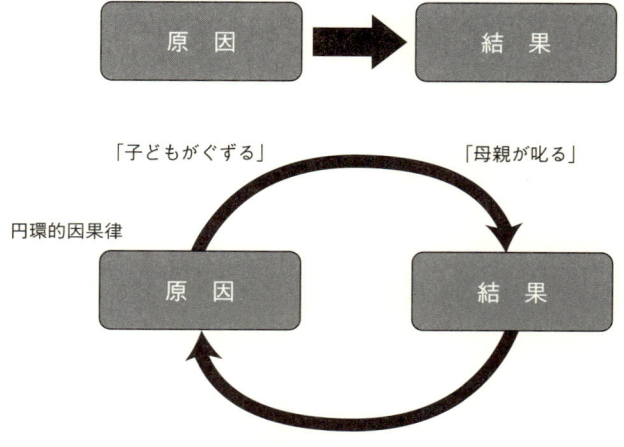

「子どもがぐずる」 → 「母親が叱る」

[原因] ⇄ [結果]

図2-4 直線的因果律と円環的因果律

びます)。このような悪循環をよい循環へとつくり変えていくことが家族療法の主要な治療目標となります。

第2の特徴は、家族をひとつの「システム」としてとらえるという点です。

家族や家族をとりまく状況は日々変化します。たとえば、父親が昇進する、子どもが思春期に入る、などは多くの人々が経験する変化です。このような変化に対して家族は柔軟に対応し、衣食住や安らぎの場としての機能を維持していきます(このことを家族の「自己組織化」とよびます)。しかし、この自己組織化が適切に進まない場合、何らかの問題が発生することが多いのです。すなわち、家族システムに何らかの機能不全が生じていると考えられるのです。

2) 家族療法の理論　家族療法では、それぞれの家族やその問題をとらえる際に重要な観点があります。それらは、家族サブシステム (subsystem) と境界 (boundary)、家族内の順位 (family

3. その他の理論と保育カウンセリング

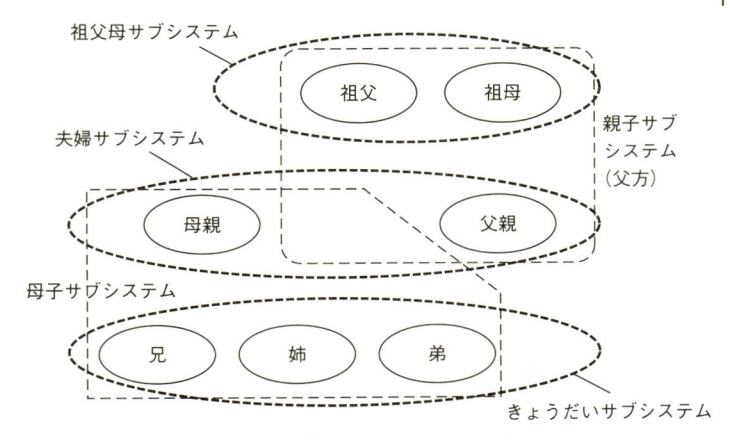

図 2-5 サブシステムについての考え方

hierarchy)，家族ホメオスタシス（family homeostasis）という観点です（たとえば，古宮, 2001）。これらについて以下に説明していきます。

ⅰ）**家族サブシステムと境界（心的境界）**　一般的な家族は親（母親・父親）や子ども，あるいはその祖父母などから構成されます。これらすべての者が全体としての家族システムを構成しますが，さらにいくつかの小さな単位に分けることができます。それら家族システムを構成する小さなシステムを「サブシステム」とよびます。たとえば，母親と父親は夫婦サブシステムととらえることができますし，母親と子どもは母子サブシステムととらえることができます（図 2-5）。

それぞれのサブシステムには「境界」があります。境界とは「心的境界」のことであり，家族成員同士のつながりや役割などによってその硬さが異なります。たとえば，母親と子どもが強く密着しており，父親が子育てに関与せず，家族内で孤立しているような場合，母子サブシステムの境界は非常に強固なものであり，一方，夫

婦サブシステムの境界はきわめて曖昧になっているととらえることができるでしょう。

また家族には，境界がとても緩やかで変化しやすい家族と非常に硬く変化しにくい家族とがあります。

境界が緩やかで変化しやすい家族を纏綿(てんめん)家族（enmeshed family）とよんでいます。サブシステムの境界が緩いため，家族成員同士が心理的に密着している状態といえます。纏綿家族では，家族内でお互いのプライバシーが保たれない，ある一人の混乱や不安が家族全体の混乱や不安へと広まりやすいなどの特徴を有しています。結果として，家族システムは適切に機能せずさまざまな問題が発生します。父親の転属によって父親自身が不安定になり，さらに母親が混乱し，ついには子どもの精神状態も不安定になる場合などは纏綿家族の例といえるでしょう。

境界が硬い家族は遊離家族（disengaged family）とよばれています。この家族では成員間の心的交流があまりみられません。いわば家族が分離した状態です。このような家族で問題が発生すると，それぞれが自分の役割を柔軟に変えながら対処することができず，問題が適切に改善されません。たとえば，仕事人間の父親が，家族の緊急事態があっても仕事を優先してしまうような場合は家族が遊離しているととらえることができるでしょう。

このようなことから，サブシステムの境界には一定の柔軟性や透過性といったものが必要であることがわかります。適応的な家族は時と場合に応じて，システムを統合したり分離したりできているといえます。

ⅱ）**家族内の順位**　それぞれの家族を詳しくみると，父親や祖父など，家族の中心となる者がいるでしょう。そのような家族内の動きを左右する人物は家族順位が高い者ととらえることができます。一般には，親の順位が高く子どもたちの順位は低いのです。

しかしながら，一時的にあるいは慢性的にその順位が入れ替わる場合があります。たとえば，母親が出産のために里帰りし，母親の役割を長女が担わなければならない場合，長女は一時的に子どもサブシステムから出て親サブシステムに組み込まれます。すなわち，家族内の順位が高まるのです。このような本来の立場と異なった状況に置かれた子どもは，時として不適応症状を示すことがあります。また，子どもが病気がちであったりわがままであったりする場合，家族は子どもを中心として動く傾向があります。この場合，子どもは高い順位に位置しており，家族内の順位に逆転が起こっていると考えることができます。

ⅲ）家族ホメオスタシス　　家族をはじめとする集団では，変化が起ころうとするとそれに抵抗する力が生じます。そのような現在の状態を維持しようとする現象について，生理学の用語を借りて家族ホメオスタシスとよんでいます。

この家族ホメオスタシスは家族が適切に機能した状態で安定していれば何ら問題はありませんが，問題が発生した状態でも安定していることがあります。たとえば，父親を怒らせないことが家族の安定につながっている場合，父親の振る舞いにより問題が発生しても母親は意見を言いません。このような現象は家族ホメオスタシスを維持しようとした結果とみることができるでしょう。

2) **家族療法の技法**　　家族療法における治療目標は家族の機能性の回復・改善ということです。これを達成するために，家族療法のさまざまな立場から諸種の治療技法が提起されています。以下には，代表的な治療技法を取り上げて説明します。

ⅰ）**実演化技法**　　家族のサブシステム間のつながりに強い関心をもっている構造理論（たとえば，Minuchin, 1974）では，家族成員の日常的なかかわりとその問題性に注目し，実演化（エナクトメント；enactment）技法を唱えています。

この技法は家族成員に相談室に来てもらい、家族内の問題について話をしてもらいます。次に、その問題の場面におけるやりとりを再現してもらうのです。実際に家族のやりとりを再現させることにより治療者は、家族成員間の相互作用の特徴を知ることができるのです。家族のかかわりを再現させることは、治療者が家族に存在する非機能的な信念や相互作用パターンを理解する手がかりとなります。

家族における非機能的な要素が明らかにされると、それらを別のものに置き換えて実践してもらいます。新しい試みを実践させ、そのときの本人や相手の気持ちを家族全体で確認してもらうのです。このように、家族に実際に演じてもらうことによって機能的な相互作用のあり方について実感させることができ、また共通理解を深めることにつながります。

ⅱ）リフレーミング技法とパラドックス技法　　これらは家族療法における戦略理論の立場から提起された技法です。

リフレーミング（reframing）とは、クライエントによって経験された情緒的文脈（感じ方）や認知的枠組み（考え方）を取り替え、問題状況に対する理解の仕方を変えることです。たとえば、子どもの育て方について父親から意見を言われ、母親が自分自身を否定されたように感じた場合、「父親が子育てに協力しようとしている証拠」というメッセージとして受け止めることも可能なことに気づいてもらうのです。そのような肯定的なリフレーミングを獲得させることにより家族成員間の関係性改善へとつなげていくのです。

パラドックス技法は、問題をあたかも増幅させるようにも思われる、一見すると驚くような技法です。たとえば、母親が繰り返し叱っても乱暴な言葉（母親を「おばちゃん」と呼ぶ）を使う子どもがいたとします。このような場合、子どもに「たくさんおばちゃんて言っていいんだよ」と伝えます。この子どもの場合、「悪いこと」

をすることによって母親からの関心を得ていたと考えられ,乱暴な言葉が悪いことでなくなってしまうと,それをする意味がなくなってしまいます。すると子どもは次第に乱暴な言葉を言わなくなるのです。

ただし,パラドックス技法を使用するにあたっては適切な知識と訓練と経験とが必要であるため,安易な実践は控えるべきです。

ⅲ)ネットワーク技法　　この技法ではその家族内の関係性ばかりでなく,それぞれの家族成員(個人)と外の世界のつながりを重視しています。

たとえば,母親が育児のストレスによる精神の不安定,母子密着などの問題には,その原因に人間関係の狭さや固定化した関係性といったものを考えることができるでしょう。一般に多様なネットワークをもつ人ほど精神的健康が高いことから,ネットワーク技法ではその人にとって支えとなるようなネットワークの構築やその維持が目標とされます。

カウンセラーは,クライエントにとって何が支えであるのかということをクライエントとの話し合いの中から探します。そして,そのような支えが現在も存在するのか,またその支えをもたらすネットワークがあるのかということについて明らかにしていくのです。クライエントがそのようなネットワークを有していない場合,適切なネットワークを紹介し,そこにつないでいくのです。生活の場を広げることによって,クライエントの精神的な余裕が生まれ問題が改善されるのです。

ⅳ)非言語的技法　　非言語的技法は言葉を用いないで家族の問題にかかわろうとする技法です。言葉を用いないことにより,言語表現が苦手なクライエントや子どもにも使用することができます。家族イメージ法(亀口,2003)や図式的投影法(水島,1981)などいくつかの手法が考案されています。これらは家族理解の一助となる

ものです。さまざまな手法の中から，問題や家族に合わせて選択・実施されることが求められます。

3）家族療法と保育カウンセリング　世の中が男女共同参画型の社会へと変化し，また，ライフスタイルや子育てのあり方についての価値観が多様化するなかで，保育は子どもとその家族の両方を対象にしなければならなくなりました。

第1に，子どもの問題について円環的因果律に基づいてとらえられるようになることは重要です。たとえば，登園渋りの子どもの場合，子どもの欲求不満耐性の低さといった，その子ども自身の問題にばかり原因を見出そうとするのではなく，なぜ，欲求不満耐性が適切に発達していかないのかといった観点からもとらえていく必要があるでしょう。すると，そこには溺愛的な親子関係のパターンや，父親と母親との間に子育て観の不一致などが存在することがあります。保育カウンセラーは，このような悪循環のプロセスを見出し，介入可能な部分を発見し，それに適切に対処していくということが必要です。

また，家族療法の考えは，保育者（保育所）と保護者との関係にも応用することができるでしょう。保護者と保育者が敵対的関係になってしまうと，その被害をもっとも大きく受けるのは子ども自身です。このような保護者と保育者の関係性の悪化のプロセスをみていくと，お互いの理解不足であったり，相手に対する思い込みであったりする場合があります。これらに起因する保護者と保育者との悪循環を，一歩離れた立場から適切に調整していくことも，これからの保育カウンセリングでは求められるでしょう。それにあたっては，保育者と保護者のコミュニケーションパターンを知り関係の非機能性を明らかにし，それを好ましい方向へ作り替えていく必要があります。この場合には，両者のコミュニケーションパターンを理解する実演化技法や，ものごとのとらえ方を変化させていくリ

3. その他の理論と保育カウンセリング

フレーミング技法などが有効となるでしょう。これらの技法を用いつつ緩やかに両者の関係を変化させていくことが，子どもとその家族，ひいては保育現場によい結果をもたらすことになるでしょう。

[2] 芸術療法

子どもは自分の内的世界について，言葉によって表現したり考えたりすることが苦手です。そのような子どもにとって，言葉に依存しない心理療法である芸術療法は重要な役割を果たします。ここでは，描画療法，箱庭療法，コラージュ療法，音楽療法について解説します。

1) **描画療法** 描画療法は大別して，自由画法と課題画法に分けることができます。

ⅰ) **自由画法** 自由画法は簡単に実施することができる描画療法です。A4判程度の紙（画用紙）および，鉛筆やクレヨンなどの絵を描く道具を準備し，クライエントには，心に浮かんだこと，常日頃気になっていることなど，自分の心に浮かんだことを思い思いに描いてもらうのです。自由に絵を描かせていくなかでクライエントの心に存在するテーマが見えてくることが多いのです。

しかし，自由に描いてよいということ自体が難しい場合があります。そのような場合は，以下のような方法によって課題に取り組みやすくさせることができます。

スクリブル（scribble）法・スクイッグル（squiggle）法 スクリブル法はナウンバーグ（Naumberg, 1966）によって考案されました。スクリブルとはなぐり描き（またはグルグル描き：山中，1999）という意味であり，その名のとおりクライエントには画用紙に自由にグルグルと線を描いてもらいます。次に，その描かれたグルグルから見えてくるものに色をつけて絵を完成させるのです。

スクイッグル法は対象関係論で知られるウィニコット（Winnicott, 1971）により考案された方法です。先のスクリブルをカウンセラーとクライエントとの間で交互に行うようにしたものです。制作を行う過程でカウンセラーとクライエントとの相互作用が加わるため，治療効果がさらに増すのである。

これらの手法を発展させたものとして，わが国においては山中康裕によって考案されたMSSM（multi scribble story making）法やMSSM＋C（MSSM with Collage）などがあり（山中, 1990），これらもまたクライエントの内的世界を理解するうえで有効な方法です。

ii）**課題画法**　課題画法はクライエントに何らかの課題を提示して，その課題に沿った描画を完成させるものです。わが国でよく用いられるものとしてバウムテスト，HTP法，風景構成法などがあります。

　　バウムテスト　　コッホ（Koch, K.）によって考案されたものです。A4判の紙に「実のなる木を1本」描くだけの非常にシンプルな課題画です。この描かれた木がどのような特徴をもっているかについて分析するのです。たとえば，描かれた木の枝が垂直に描かれている場合，知的障害の可能性を示すものと解釈されます。

　　HTP（House Tree Person）法　　バック（Buck, J. N.）によって考案されたもので，クライエントには画用紙に家・木・人の順番で描いてもらいます。描かれた作品の評価については，バックによるスコアリング・システムに従う方法もありますが，一般的には，作品の全体的調和性・統合性，描いたものと描かなかったもの，描かれたものの大きさや筆圧などの観点から解釈を行います。

　　風景構成法（Landscape Montage Technique: LMT）　　中井久夫

(1970) によって考案されたものです。A4 判の画用紙に枠を描いてもらい，川，山，田んぼ，道，家，木，人，花，動物，石の順番に 10 のものを描いてもらいます。最後に，必要なものを描き加え，色をつけて絵が完成されます。完成した絵についてその季節，日時，風景や人物についての質問を行います。継続的に実施することによって，クライエントの心的世界の変化や一貫するテーマを理解するのに役立つ手法です。

2) **箱庭療法**　　箱庭療法は，砂の敷き詰められた箱の中に，人や建物などのさまざまなミニチュア玩具を配置していくことにより，クライエントの内的世界を表現していく心理療法です。わが国においてもっとも有名な芸術療法のひとつです。

箱庭療法の起源はローエンフェルト (Loewnfeld, M.) が開発した「世界技法」(The World Technique) にさかのぼることができます。その後，スイスのカルフ (Kalff, D.) により「砂遊び」(Sandspiel) へと発展しました。わが国においては，カルフからこの療法を学んだ河合隼雄により 1965 年に「箱庭療法」として紹介されました（河合, 1969）。その後，箱庭療法は心理療法家の間に瞬く間に広まりさらなる発展を遂げています。

ⅰ) **箱庭療法に使用される道具**　　箱庭療法では，箱，砂，ミニチュア玩具の 3 つが使用されます。箱は一目で見渡せる程度の大きさ（標準的なものは 57 × 72 × 7 cm）であり，その中に砂が敷かれています。箱の内側は青く塗られており，砂を掘るとそこに川や池を表わすことができるようになっています。ミニチュア玩具はできるだけ種類が豊富にあった方がよいのですが，一般的に，人，動物，植物，建物，乗り物などが使用されます。その他に，石，貝殻，ビー玉などもよく用いられます。これらの玩具は棚に並べられ，クライエントが必要な際に容易に発見できるようになっています。

ⅱ) **箱庭療法の効果**　　箱庭療法の治療的効果として，箱庭を制

作することによる治療効果と,クライエントと治療者の関係性による治療効果の2つの側面をあげることができます。

　　箱庭を制作することによる治療効果　　箱庭を制作すること自体が非常に楽しく興味深い活動です。また,砂に触れるという行為は,適度な「退行」を促進するものであり安心感をもたらします。

　箱庭にはさまざまな玩具が用意されているため,それを現実世界の表現のために利用することもできれば,非現実な空想やイメージの世界を表現するために利用することも可能です。すなわち,さまざまなイメージを簡単に表現することができ,言語表現を得意としない者や障害をもつ者にとっても非常に有効な自己表現の手段となるのです。

　　クライエントと治療者の関係性による治療効果　　箱庭療法ではクライエントが一人でその制作を行うのではなく,カウンセラーに見守られながら制作することに大きな意味があります。砂遊びの開発者であるカルフは,箱庭の場を「自由にして保護された空間」としているように,カウンセラーがクライエントの表現するさまざまなイメージを受容することによって,クライエントは「守られている」という感覚を実感することができます。この感覚は「母と子の一体感」にも似ているといわれており,問題をもつ多くの子どもが普段感じることのできない感覚を,箱庭は取り戻すことのできる場となるのです。

ⅲ) **箱庭作品の評価・解釈**　　作成された箱庭作品は,クライエントのその時どきの心の有り様を表現しているととらえることができます。河合(1969)は箱庭における表現をユング心理学のイメージ(心像)としてとらえることが重要であると指摘しており,作品にはクライエントの現実,理想,葛藤などが表わされているといえます。

　分析的な見方としてはグリュンワルド(Grünwald, M.)の空間

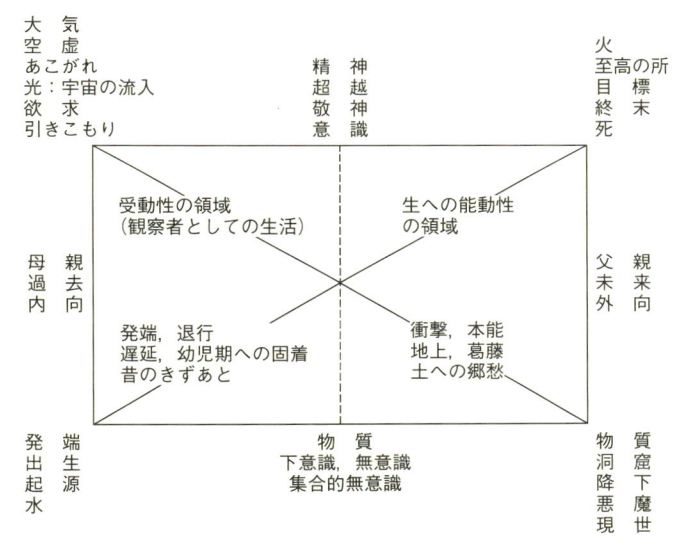

3. その他の理論と保育カウンセリング　*81*

```
大　気
空　虚
あこがれ　　　　　　　　　　　　　　　　　　　火
光：宇宙の流入　　　　精　神　　　　　　　　　至高の所
欲　求　　　　　　　　超　越　　　　　　　　　目　標
　　　　　　　　　　　敬　神　　　　　　　　　終　末
引きこもり　　　　　　意　識　　　　　　　　　死
       ┌─────────────────┬─────────────────┐
       │＼　　　　　　　　│　　　　　　　　／│
       │　＼受動性の領域　│　生への能動性　／│
       │　　＼(観察者としての生活)│の領域　／　│
母 親　│　　　＼　　　　　│　　　　／　　　　│父 親
過 去　│　　　　＼　　　　│　　　／　　　　　│未 来
内 向　│　　　　　＼　　　│　　／　　　　　　│外 向
       │　　　　　　＼　　│　／　　　　　　　│
       │　　　　　　／＼　│／＼　　　　　　　│
       │発端, 退行／　　＼│　　＼衝撃, 本能　│
       │遅延, 幼児期への固着│　地上, 葛藤　　│
       │昔のきずあと／　　│　　　＼土への郷愁│
       └─────────────────┴─────────────────┘
発 端　　　　　　　　　物　質　　　　　　　　　物 質
出 生　　　　　　　下意識, 無意識　　　　　　　洞 窟
起 源　　　　　　　集合的無意識　　　　　　　　降 下
水　　　　　　　　　　　　　　　　　　　　　　悪 魔 世
　　　　　　　　　　　　　　　　　　　　　　　現
```

　　　　　　　　図 2-6　空間象徴図式 (Bolander, 1977)

象徴理論（図 2-6）があります。この図式は絵画療法やコラージュ療法など，その他の芸術療法でもしばしば利用されるものです。

箱庭作品を見ていくうえでもっとも重要なことは，継続的に作品を制作してもらい，クライエントが表現する一貫したテーマや，内的世界の変化を理解することです。ひとつの作品から診断的にクライエントをとらえようとすることはできるだけ避けたいものです。

3) コラージュ療法　コラージュ療法（collage therapy）は，雑誌・新聞などの切り抜きを画用紙に自由に貼り合わせて作品を制作する心理療法です。コラージュ療法の考案者である森谷寛之は箱庭療法を持ち運びできる形にすることができないかと考え，この方法にたどり着いたといわれます。箱庭と同様に，コラージュはクライエントにとって受け入れやすく，制作するうえでの心理的負担も小さいという特徴を備えています。

コラージュ療法の方法　　コラージュ療法の実施には，糊とはさみ，雑誌，新聞，パンフレットなどの切り抜き，台紙（A4判程度。厚手のもの）が必要です。また，絵や文字を書き込むためのペンや色鉛筆，作品を持ち帰ってもらうための輪ゴムなどもあると便利です。

コラージュ療法では切り抜きの用紙の仕方によって，コラージュ・ボックス法とマガジン・ピクチャー法に分けることができます。

　コラージュ・ボックス法　　検査者があらかじめ雑誌などから利用できそうな材料を切り抜いておき，それらを集め箱に入れておきます。クライエントはそれらの中から好きなものを選び出し，コラージュ作品を完成させるのです。

　コラージュ・ボックス法の利点は，検査者が切り抜きの内容を把握しているということです。クライエントにとっては暴力的描写や性的描写など，特定のイメージが危険を及ぼすことがあります。このようなイメージをあらかじめ排除した材料を用意することにより，安心してコラージュを制作することができます。

　マガジン・ピクチャー法　　クライエントが雑誌，新聞などから直接材料を切り抜いたうえでコラージュを作成する方法です。雑誌，新聞はクライエント自身が用意してもセラピストが用意してもかまいません。

　マガジン・ピクチャー法は，集団などの大人数を対象として実施することが可能であり，またクライエント自身が雑誌などを用意すれば，それぞれに親しみやすい材料を集めやすいことなどの利点があります。

　いずれの方法によってコラージュが作成される場合でも，制作後はクライエントと作品についての簡単なやりとりをするとよいでしょう。たとえば，作品の場面，内容などについてです。この

ような作品鑑賞を通してクライエントに関心があることを伝え，受容や共感を伝えることができれば，コラージュの有効性はさらに高まるといえます。

4）**音楽療法**　私たちにとって音楽はきわめて身近なものであり，音楽を通してさまざまな感情を経験し，ある時には癒しを与えられることもあるでしょう。このような音楽の治療的な側面に注目したのが音楽療法（music therapy）です。

臨床音楽療法協会によると，「音楽療法とは，音楽のもつ，生理的，心理的，社会的働きを，心身の障害の回復，機能の維持改善，生活の質の向上，に向けて意図的，計画的に活用して行われる治療技法である」と定義されています。

音楽は人の心にさまざまな影響を与えるものと考えられますが，松井（1980）は音楽の特徴について以下の10項目をあげています。

①音楽が知的過程を通らずに，直接情動に働きかける。
②音楽活動は，自己愛的満足をもたらしやすい。
③音楽は人間の美的感覚を満足させる。
④音楽は散発的であり，情動の発散をもたらす方法を提供する。
⑤音楽は，身体運動を誘発する。
⑥音楽はコミュニケーションである。
⑦音楽は一定の法則性の上に構造化されている。
⑧音楽には多様性があり，適用範囲が広い。
⑨音楽活動には統合的精神機能が必要である。
⑩集団音楽活動では社会性が要求される。

音楽療法ではこれらの音楽の特徴を最大限にいかしながら，人の心理・発達に効果的に利用しようとしています。

稲田（2003）は音楽療法の目標として，具体的に，①身体感覚の向上，②感覚・知覚機能の向上，③情緒機能の発達，④認知機能の発達，⑤コミュニケーション能力の発達，⑥社会性の発達，⑦精

神的安定・心理的充足の獲得,の7つをあげています。これらの目標の達成を通して「ひとりひとりが自己の最適レベル(optimal level)の機能を獲得し維持できるよう援助すること」(全米音楽療法協会)が音楽療法の目指すところです。

ⅰ)音楽療法の種類　　シュヴァーベ(Schwabe, C.)によると音楽療法は能動的音楽療法(active music therapy)と受動的音楽療法(passive music therapy)の2つに分類できます。これら2つの音楽療法のタイプについて説明するとともに,ノードフとロビンズ(Nordoff, P. & Robbins, C.)によって提起された創造的音楽療法についても紹介することにします。

　能動的音楽療法　　合唱,楽器合奏,打楽器奏法,など,クライエントあるいはセラピストが音楽を奏でたり,あるいはつくったりする活動を通した音楽療法です。たとえば,気分に合わせて太鼓をたたき,それに合わせてセラピストが別な楽器を奏でるといった活動です。また多くの音楽療法家たちは,能動的音楽療法としての即興演奏の有効性を指摘しています。

　受動的音楽療法　　音楽の鑑賞,コンサート鑑賞などのように,音楽を享受する側面に注目した音楽療法です。アルトシュラー(Altschuler, I. M.)によれば,その時のクライエントの気分に合った曲を与えれば情緒の安定を図ることにつながる(同質性の原理)といいます。また,曲によってはクライエントの注意を喚起したり,気分や連想を刺激したりする(水準調整)こともできます。このように,それぞれの楽曲がもつ特性をいかすことにより,人々の情緒に効果的な作用を与えることができます。

　創造的音楽療法　　ノードフとロビンズは,創造的音楽療法(creative music therapy)とよばれる治療活動を展開しました。彼らは,表現能力に障害をもつ子ども達を対象にした治療から,音楽がコミュニケーション手段になることを指摘しました。すな

わち，音楽はそのような子ども達にとって言語ともいえるような役割を果たし，音と音，あるいは音と声のやりとりによって，互いに元気づけられたり慰められたりしていることをまのあたりにしたのです。このような音楽的対話を重視しているのが創造的音楽療法です。

ⅱ）音楽療法の対象　　音楽は多くの人にとって身近なものであるため，その適用範囲は広いのです。たとえば，老人に対しては心身のリハビリテーションとして音楽療法を用いることができるでしょうし，子どもであれば，自己表現の場としてそれを用いることができるでしょう。そのようなことから，音楽療法の対象はカウンセリングの分野ばかりでなく，医学，心理学全般，福祉，看護，介護などにも広がっています。

5）芸術療法と保育カウンセリング　　芸術療法は子どもの内面について理解する手がかりを与えてくれるばかりでなく，子どもとのラポール形成にも有効であり，保育カウンセラーにとって非常に利用価値の高いものです。

とくに，精神遅滞（知的障害），学習障害（LD），脳性麻痺などの障害をもつ子どもたちに効果を発揮することが多いのです。一例として，ダウン症の子どもに対して音楽療法を用いられたものを紹介しましょう。ダウン症児は身体発達の遅れを示すことが多く，そのため運動自体をいやがるようになるといわれています。このケースの男児においても，運動嫌いにより活動量が減少し，さらに肥満が増長していく傾向にありましたが，音楽を用いながら体を動かす遊びを提示すると，喜んでその活動を行うようになったのです。結果的に，本人の運動嫌いが解消され，体の動きも機敏になってきました。そしてまた肥満の状況も少しずつよくなりました。また，音楽を共通の話題として治療者との間にも友好的な関係が形成されるようになりました。このように，音楽療法には，音楽のもつ力を利

用して、その子どもの効力感や有能感を高めさせることを可能にし、また、音楽を媒介にしてコミュニケーションを行うことも可能にするのです。

その他の芸術療法も、それぞれの素材や活動がもつ楽しさや興味を利用しながら、子どもが自信をもち、また他者と上手にかかわれるようになるための効果的な方法となります。

[3] 遊戯療法

1) 遊戯療法とは——遊戯療法の目的と特徴　遊戯療法は「遊び」による心理療法です。子どもは言語による表現は苦手ですが、遊びにおいては多彩なかたちで自分を表現できます。遊戯療法を研究してきた者たちが「遊びは子どもの内的世界を表現するのにもっとも適した方法である」(Axline, 1947) と述べているように、遊びは子どもを理解するもっとも有効な手段の一つです。

そもそも「遊び」とはどのようなものでしょうか。遊びの研究者たち（たとえば、Hughes, Noppe, & Noppe, 1996; 岩立, 1997）は遊びの条件として、①内的な欲求による行動、②自由に選ばれた行動、③楽しいものである、④仮想の要素がある、⑤のめり込むものである、という5つを提示しています。このように、「遊び」が遊びであるためには、それが自発的なものであり、遊ぶこと自体が目的でなければなりません。言い換えれば、その人が真に遊んでいるとき、その姿は自己表現そのものとなるのです。

遊びは人の発達にどのような意味をもっているのでしょうか。このことを考える際には、これまでの研究者が考えてきた遊びの理論が参考になります。ヒューズら (Hughes et al., 1996) や岩立 (1997) は、遊びに関する理論を表2-2のようにまとめています。ここに示されているものは、遊びの機能・意味としても解釈できるものです。たとえば、遊ぶことによってエネルギーを発散したり、社会が

3. その他の理論と保育カウンセリング

表 2-2　遊びを説明する理論（岩立, 1997）

理論（主張者）	なぜ遊ぶのか？	とくに関係の深い発達要素
エネルギー発散説 (Spencer, H.)	体にたまったエネルギーを発散させる。	身体面
反復説 (Hall, G. S.)	人類の系統発生での行動を個体発生の中で繰り返す。	身体面
成人技術の練習説 (Gross, K.)	大人社会で必要な技巧や知識を練習する。	身体面・知的面
精神分析説 (Freud, S. や Erikson, E. H.)	社会が受け入れない衝動を，社会で受け入れられるようにするための対処法を教えることで，子どもの不安を軽くする。	情動面・社会面
認知説 (Piaget, J. や Bruner, J. S.)	より高次の認知発達を促進する。	
覚醒調整説 (Berlyne, D. E. や Ellis, M. J.)	からだの覚醒水準を適正水準に保つことで，退屈させたり，不安定さを弱める。	情動面・身体面
神経心理学説 (Weininger, O.)	右脳と左脳で処理される情報処理を統合する。	知的面・身体面

受け入れないことを別のかたちで満足させたりする，ということは大人の遊びでもよくみられることです。

　以上のように遊びは，その人の表現手段であるとともに，発達を促進するうえで重要な役割をもっているのです。遊戯療法では，遊びがもつ機能を最大限に活用し子どもの問題の改善を図っています。

　遊びのもつ機能を最大限に発揮させるためには，子どもがのびのびと活動できなければなりません。セラピストには「安心して遊ぶことができる場」を子どもに提供する知識と技術が求められるのです。

　遊戯療法の目指すところは，「その人がその人らしくなっていくこと」（三浦, 1999）といえます。遊戯療法の研究・実践で有名なア

クスライン（Axline, 1964）は、子どもに次のように話したといいます。

「（遊戯療法というのは）ここへ来てなんでもすきなように遊んだりお話ししたりしていいってことなのよ。あなたが好きなようにしていい時間のことよ。あなたが好きに使っていい時間のことなの。あなたがあなたになる時間のこと」。ここからも遊戯療法が目指すものを理解できるでしょう。

ちなみに、遊戯療法の対象は一般に子どもとされており、その範囲は2歳から12歳程度といわれます。しかしながら、最近は構成的グループエンカウンターなど、大人を対象とした心理治療の世界でも遊びが取り入れられる機会が増えており、その対象は広がっています。

2）遊戯療法の方法とその過程

ⅰ）プレイルームとその意義　子どもが安心して自由に遊べる空間を提供することが遊戯療法では必要です。そのため、原則的にプレイルームとよばれる遊戯療法のために用意された部屋で実施されます。プレイルームは一般的な教室よりやや広めの部屋です。床にはじゅうたんが敷かれ、砂場やボールプール、玩具など、子どもが安心して遊べるよう、また、楽しんで遊べるよう設備が整えられています。

また、プレイルームが「閉じた空間」だということも重要な意味をもっています。閉じた空間であることにより、プレイルームを「守られた空間」にすることができるのです。このような意味もあり、遊戯療法では特別な事情がない限り親は遊びに参加することはありません。

ⅱ）遊戯療法におけるセラピストの役割　遊戯療法で子どもが安心して自由に遊べるようになるには、セラピスト自身の役割も重要です。

3. その他の理論と保育カウンセリング

　遊戯療法に関わるセラピストは，子どもが好きで，子どもやその遊びに興味・関心があるということばかりでなく，遊戯療法の原理・原則について十分に理解しておく必要があります。遊戯療法の原則としては，アクスラインによって提起された以下の8原則があります。

　①セラピストは，子どもと温かい友好的な関係をつくるようにしなければならない。そうすれば，よいラポールが早急に確立される。

　②セラピストはあるがままの姿の子どもを受容する。

　③セラピストは，子どもとの関係で，許容的な感情をつくりだすようにする。

　④セラピストは，子どもが表出している感情を敏感に察知し，これらの感情を子どもに返してやり，自分の行動を洞察しやすいようにしてやる。

　⑤セラピストは，子どもに自分自身の問題を解決する機会さえ与えるなら，子どもは自ら解決できる能力をもっていることを深く信じて疑わない。選択し，変化し始めるか否かは，子どもの責任にしておく。

　⑥セラピストは，かりそめにも子どもの行動や会話に指示を与えることのないようにする。子どもがリードをとりセラピストが従う。

　⑦セラピストは治療を早くしようなどとはしない。治療は徐々に進歩する過程であり，セラピストはこのことをよく理解している。

　⑧セラピストは，治療を現実の世界に関係づけておくのに必要な，また子どもに治療関係での責任を自覚させるのに必要な制限を与えるだけである。

これらの原則は，子どもとの遊びを通した治療関係を適切に維

持・進展させていくために必要なものです。セラピストは子どもや遊びをコントロールすることのないよう，十分に留意しておかなければなりません。

　ⅲ）**遊戯療法における制限**　セラピストは時としては子どもに必要な制限を与えることが必要です。遊戯療法における制限としては，次のものがあげられます。

　　治療構造や治療の枠組みについての制限　これは，場所，時間などについての制限です。子どもがプレイルーム以外の場所で遊びを希望する場合や，終了時間になっても遊びを続けたがっても，これらは原則として禁止です。

　　暴力についての制限　子どもがプレイルーム内の設備や玩具を壊そうとしたり，場合によってはセラピストを殴ったりする場合があります。これらの行為もまた原則的に禁止です。

　　社会的に許容できない行為についての制限　喫煙をするなどの触法行為や倫理的に不適切な行為も当然禁止です。

　　安全と健康に関する制限　プレイルーム内の砂場の砂を食べようとしたり，窓を開けて外に出ようとしたりする危険行為は禁止です。

　このような制限は，遊びを意義あるものにするために必要なものです。これらの制限が達成できなければ，セラピストと子どもとの関係性は崩壊し，時としては子どもに身体的・心理的な損失を与えかねません。

　3）遊戯療法と保育カウンセリング　遊戯療法は，非常に有効な心理療法です。プレイルームでみられる子どもの姿は，「その子らしい姿」であり，普段の生活場面では知ることのできない子どもの姿を知ることができるでしょう。

　選択性緘黙の女児の事例をみてみましょう。この女児がはじめてプレイルームにきた時には，ぬいぐるみや積み木を持ち出して一人

3. その他の理論と保育カウンセリング

で遊んでいるだけでした。治療者はその様子を見守りつつも,次第に女児の遊びに加わろうとしてきました。すると,女児が持っているぬいぐるみと治療者が用意したぬいぐるみとの間に少しずつやりとりがでてくるようになりました。治療者が「買い物に行こうか」「何して遊ぼうか」など,ぬいぐるみを通してさまざまな接触を試みると,言葉を発しないものの,買い物ごっこ,ままごとへと遊びが広がっていきました。あるセッションの時,遊びの流れでお歌を歌うことになりました。治療者がぬいぐるみと一緒に楽しそうにお歌を歌う遊びに,女児は自分のぬいぐるみとともに楽しく参加しました。しばらくすると,女児が口をパクパクと開けながらその遊びに参加するようになり,最後には一部分声を出して一緒に歌うようになりました。

このことをきっかけに,女児はその後の遊戯療法においては,次第に治療者に自分の要求を言葉で伝えるようになり,ついには,幼稚園のお遊戯会では,他の園児と一緒に歌を歌えるようになりました。

このように遊びを通して子どもが本来もっている力にアプローチすることができ,さらには,遊びの中でその力を花開かせることが可能になるのです。実際に保育カウンセラーが遊戯療法を行う際には,さまざまな遊びを実践し,その子どもが自分自身をより表現できるものを探求していくことが求められるでしょう。

[4] リアリティ・セラピー (現実療法)

1) リアリティ・セラピーとは　リアリティ・セラピー（現実療法: reality therapy）はグラッサー（Glasser, 1965）によって提起された心理療法です。そのアプローチは,グラッサー自身の選択理論（Glasser, 1998）の考えに基づいています。

リアリティ・セラピーの基本的な考えは,問題に対して過去の

原因を探るのではなく、現在の生活を幸福にするために、人間のもつ「愛と所属」「力」「自由」「楽しみ」「生存」の5つの基本的欲求を充足させることで幸せを手に入れる援助を行うこと（Glasser, 1965）であり、それらの欲求を充足させようとするクライエントの内発的動機づけを引き出すことに焦点が向けられています。リアリティ・セラピーは犯罪者の更生、精神障害者の治療、教育に大きな効果を示すことが認められています。

リアリティ・セラピーでは、「なぜ人は不幸なのか」という問いに対して、以下の3つの基本的な前提をもっています。

①クライエントが不幸なのは、現在、満足できる人間関係をもっていないからである。

②クライエントが満足できる人間関係をもっていないのは、どちらかがあるいは両方が、関係を改善しようとして、外的コントロール心理学を用いているからである。

③（クライエントが不幸なのは）どちらかあるいは両方が、相手が用いている外的コントロールから逃れようとしているからである。

これらの前提からもわかるように、リアリティ・セラピーでは問題（人の幸福あるいは不幸）をとらえる際に、その人の人間関係をとくに重視しています。わかりやすくいえば、人は「仲良くしたいと思っている人と仲良くできない」（Glasser, 1998）ために不幸になっていると考えているのです。

したがってリアリティ・セラピーでは、クライエントが自分の人生で重要な人々との関係を改善できるようにすること、あるいは、そのような人間関係が欠落しているなら、新しく満足できる関係をつくれるように支援すること（Glasser, 2000）が治療の目的とされます。

2）外的コントロール心理学と選択理論　　リアリティ・セ

ラピーを理解するうえでは、外的コントロールと選択理論は重要なキーワードです。

ⅰ）外的コントロール心理学　　外的コントロール心理学とは、「人の感情や行動は自分以外のものに統制されているのだ」という考え方です。グラッサーによれば、この考えは現代人がもちやすい考えだといいます。たとえば、「自分が不幸なのは夫が優しくしてくれないからだ」という考えや、「親がきちんとしつけなかったから子どもが非行にはしったのだ」などといった考えです。これらは、自分の問題は自分以外の人のせいだ、子どもの問題は親のせいだ、といったように、原因の所在を問題の当事者以外に求めています。すなわち、外的なものによってコントロールされているととらえているのです。

グラッサーは外的コントロールを端的に示すものとして次の言葉を示しています。「悪いことをしている人は罰せよ。そうすれば彼らは私たちが正しいということをするだろう。そして報酬を与えよ。そうすれば彼らは私たちが望むことをしてくれるであろう」。外的コントロール心理学の考え（価値）で行動することは、人と人の距離を遠ざけ、ひいては人々の幸福を妨げるものとなっています。リアリティ・セラピーでは、外的コントロール心理学は不満足な人間関係の根源と考えているのです。

以下にグラッサー（1998）が示す、外的コントロールを確認する4つの項目をあげます。当てはまるものがあれば、その人は外的コントロール心理学に基づいて行動している可能性があります。

①あなたは誰かに何かをさせたいと思っていたが、その人はしようとしなかった。露骨な方法であったり、婉曲であったり、いろいろな方法であなたがしてほしいと思っていたことをその人にさせようとしていたことがよくあった。

②誰かが、あなたがしたくないことを、させようとしていた。

③あなたも、その人も、お互いがしたくないことをさせようとしていた。

④とても苦痛に思えること、あるいは不可能と思えることを無理矢理自分に強制していた。

ⅱ）**選択理論**　　選択理論は「生物がなぜ、いかに行動するかを説明した理論」(Glasser, 1998) です。その基本的な考えは「私たちは、自分の行動のほとんどすべてを（自分自身で）選択している」というものです。無意識や条件づけなどのように、その人の意識的ではない側面が行動に影響するという、従来の心理学の考え方を基本的には否定している点に特徴があります。

選択理論の原理は、私たちが「他の何かに従って行動している」と思っていることも、実は、その人自身が選択した行動ととらえられるものだということです。子どもを叱る母親がいたとすれば、子どもの問題行動が母親を叱らせたのではなく、母親自身が叱るという行動を選択したと考えるのです。グラッサーはこのような選択理論を理解することが、その人の幸せにつながるとしています。

3）**リアリティ・セラピーの方法**　　リアリティ・セラピーの治療は外的コントロール心理学、および選択理論に基づいて進められます。

リアリティ・セラピーを進めるうえで、カウンセラーは次の点を重視します。

①過去ではなく、現在に焦点を合わせる。

②感情ではなく、行為と思考に焦点を合わせる。

③症状に焦点を当てず、その背後にある重要な人間関係に焦点を当てる。

これらの観点は、問題の原因が過去や感情のような、本人がどうしようもできないところにあるととらえず、これから先に選択していくことのできる側面に注目しようとしているリアリティ・セラ

ピーの方向性を示しています。また，問題の背後にある人間関係を重視するのもリアリティ・セラピーの特徴です。

リアリティ・セラピーにおけるカウンセラーのもっとも重要な役割は，「クライエントが新しい人間関係――改善した行動――を選択できるように手助けすること」(Glasser, 2000) です。したがって，他の心理療法と同様に，カウンセラーとクラインとの関係性は大変重要です。クライエントは，カウンセラーとの間に形成された関係をモデルとしながら，人間関係を構築する可能性を模索していきます (Glasser, 1998)。すなわち，クライエントはカウンセラーとの関係の中で，内的コントロールを実感し，選択理論を身につけるのです。

リアリティ・セラピーによって，クライエントは自分の人間関係についてのとらえ方を変化させ，バランスのとれた友好的な人間関係の形成へ向かっていくのです。そこで形成された人間関係が「愛と所属」「力」「自由」「楽しみ」「生存」の基本的欲求を満たすための基盤となるのです。

4) リアリティ・セラピーと保育カウンセリング　リアリティ・セラピーの理論と方法は，保育のさまざまな場面に適用できるものとなるでしょう。とくに，子どもと保護者の関係，子どもと保育の関係，あるいは保育士と保護者の関係など，人間関係に関連する問題が存在すると考えられる場合に応用することができるでしょう。

保護者の中には，自分の子どもが自分の思いどおりに育ってくれないと感じ，時として子どもに対していらだちを覚える人もいます。以下は，ある母親がそのような悩みを抱えて保育カウンセラーに相談にきた例です。保育カウンセラーは母親との面接活動の中で，子どもに対してどのようになってもらいたいのか，また，子どもがどのように成長してくれることを望んでいるのか，といったこ

とを話題にして繰り返し話をしました。その面接の中で、母親の子育ての状況が明らかになってきました。母親は、以前、子どもが夜泣きをした時に同居している姑からひどく嫌みを言われとても辛い思いをしたこと、また、その時に夫がまったくかばってくれなかったことを語りました。それ以来、子育てのことで夫や家族に頼ることができなくなり、自分一人で子育てをしなければならなくなったというのです。

このような思いのため、子育てに対する焦りが増長し、また孤立感を深め、子どもにも辛くあたることが多くなったのです。保育カウンセラーは父親に来談を促し、母親との合計3人で話し合う機会を設けました。そこで父親が子育てに参加する意欲があるが、母親がそれを望んでいないと勘違いしていたこと、さらに、父親は母親が大変ではないのかいつも気にかけていたことがわかったのです。

母親は自分を気にしてくれている夫の存在を知り、また夫が子育てに無関心だというのは自分の思い込みだということに気づきました。このことから、子育てについて父親にも頼っていいのだと思えるようになり、子どもに対するいらだちや、子どもを統制しようとする態度がなくなりました。

[5] ブリーフ・セラピー

1) ブリーフ・セラピーとは　ブリーフ・セラピー（brief therapy）はできるだけ短期間に人の問題解決を行うことを目的としている心理療法です。わが国においては短期療法・簡易療法とも訳されることがありますが、そのような表現は誤解を招きやすいということもあり、英語読みのままブリーフ・セラピーとよばれることが多いのです。

ブリーフ・セラピーの特徴として2つの点をあげることができます。第1はクライエントの「変化」を目標にしているということで

す。すなわち，問題を抱える現在のクライエントが変化し，問題が改善ないしは消失することが治療における中心的な課題です。

第2は，問題は人と人の間にある，という相互作用的見解をとっていることです。たとえば，その人の病理的な精神状態や人格的な異常が原因で問題が生じていると考える（すなわち，それが治療の対象ではなく）のではなく，自己や他者の「行動的な側面」に改善すべき問題があるとしています。

このような基本的な考え方があるため，ブリーフ・セラピーにおいては，クライエントが援助を求めてきた問題だけを扱うという原則があり，そのために治療契約も明確です。

ブリーフ・セラピーには，大きく分けると3つのアプローチの方法があります（宮田，1997）が，その中でも近年急速に広まりつつあるのが問題解決志向アプローチ（solution-focused approach）です。ここでは問題解決志向アプローチによるブリーフ・セラピーをみていきます。

2) 問題解決志向ブリーフ・セラピーの方法　問題解決志向アプローチにおいては，クライエントの問題ではなく解決に焦点を当てているのが特徴です。解決が重視されていることから，クライエント自身の考えや行動の変化が目標とされます。

ⅰ) 初期の介入　介入の初期には，問題についてのアセスメントと解決に向けての目標の設定が課題となります。

アセスメントにおいては，問題の状況について詳しく，具体的に理解していくことが重要です。古宮（2001）はアセスメントの際に，①いつどこで問題が起きているか，②いつどこで問題が起きないか，③もし問題をビデオで見ると，何が見えるか，問題の生じる過程，登場する人間，交流パターンなど，具体的に描写する，④問題が起きているせいで何が起きないか，⑤問題解決を図って過去に何をしたか，⑥初期の介入，を理解することが重要であるとしてい

アセスメントで明らかになったことを踏まえ、カウンセラーはクライエントとともに治療目標を設定します。たとえば、「カウンセリングの焦点をしっかり定めるために、具体的な目標を設定したいと思います。カウンセリングが成功したときにはあなたの生活に、いま起きていないことが起きているでしょうか。ほかの人には、あなたのカウンセリングが成功したことがどうしてわかりますか」と尋ね、クライエントにとっての解決がいかなるものなのかを明らかにし、セラピーの方向性を定めていきます。時として、クライエントが述べることは、漠然としたものであったりする場合があるのですが、それを、具体的な目標や実現可能な目標に置き換えていくことがカウンセラーの役割です。

このように治療目標を設定したうえで、本格的なセラピーの段階に入っていきます。目標を明確にし、クライエントとカウンセラーがともにそれに向かって協力していくという態度や雰囲気がセラピーを効果的なものにしていくためには非常に重要です。

ⅱ）問題を解決していくための介入　クライエントの問題は、その問題を生じる相互作用パターンが繰り返されることにより持続していると考えられます。したがって、このパターンを変えることが問題解決のためには必要です。基本的なガイドラインとして表2-3に示す6項目（古宮, 2001）があります。これらガイドラインに沿って、クライエントの問題解決に近づく新たな行動パターンを見つ

表2-3　行動パターンを変える枠組み（古宮, 2001）

ア）場所を変える
イ）関わる人間を変える
ウ）問題が起きる時間を変える
エ）問題の順序を変える
オ）ランダムに問題を始めたり終えたりしてみる
カ）問題の頻度や持続時間を変える

けていくのです。その際，カウンセラーが投げかける質問がきわめて重要な役割を果たします。

代表的な質問として以下のものがあげられます。

①目標づけの質問

例)「一緒にお話しすることで，どうなりたいのですか」

　クライエントの望む結果を明確にし，セラピストと共有することによって両者の関係が強化される。

②スケーリングの質問

例)「その状況を10とすると，今は1から10のどれくらいですか」

　クライエントに現在の状況と解決の方向性を理解させることにつながる。

③解決への期待を感じさせる質問

例)「夜，寝ている間に奇跡が起きて問題が解決したとします。翌朝，どんなところからその奇跡が起きたことがわかりますか」

　これはミラクルクエスチョンとよばれる質問で，クライエントが問題が解決した状況をより身近なものとして感じられるようにする。

④差異や変化を明らかにする質問

例)「今と以前とでは，どこがちがっていますか」

　過去と現在を比較することによって，小さな変化を確認することができる。

⑤関係性を考慮した目標づけの質問

例)「まわりの人の中で，奇跡（解決）が起きたことに気づくのは誰ですか」「その人はどんなところから，それがわかりますか」

　クライエントの問題にとってどのような関係性が重要なのか，また誰がキーパーソンになっているのかを理解することができ，目標の方向性を決めるうえでの有効な情報を提供する。

⑥例外を見つける質問

例)「今までにそれ(解決行動)ができたことがありますか」「どうやって,このような大変な状況を何とかやってきたのですか」

> 例外の発見は問題解決志向ブリーフ・セラピーにおいて,もっとも重要なものである。うまくいかないことばかりだと思っているクライエントに,うまくいった場面を発見させることは,問題に対する適切なクライエントの行動を知ることにつながる。

3) ブリーフ・セラピーと保育カウンセリング　ブリーフ・セラピーの利点は,問題のとらえ方,介入の方向性,介入の方法が非常に具体的で,理解しやすいということでしょう。このようなアプローチ法は,日々さまざまな問題に取り組まなければならない保育場面においても魅力的なものです。

保育士や保護者は子どもや保育・子育てについて漠然とした不安はあるものの,いったい何が問題なのかわからない場合があります。保育カウンセラーに相談を申し込んできたある母親は,当初,子どもがだらしないということを訴えて来談しました。しかしながら,カウンセリングで話を進めていくと,母親はいつも漠然とした不安を抱えながら子育てをしていることが次第に明らかになってきました。母親は,何を目標にしながら子育てを行っていけばよいのかわからずに不安になっていたのです。そのようなことから,保育カウンセラーは,母親にとって重要な関係は何なのか,また,そこから母親が子育てにおいて何を目標にしていけばよいのか明らかになるのではないかと考えました。このことから,ブリーフ・セラピーの質問を応用しながら母親に尋ねていきました。「奇跡が起きてお母さんの不安が解決したとします。それはどんなところからわかりますか」という質問をすると,母親は「それは子どもがほかの人と楽しそうに遊んでいることからわかります」と答えました。また,「そ

の変化が起こったことに気がつくのは,お母さん以外には誰ですか」と質問すると,即座に「夫です」と答えました。このようなことから,母親は子どもに他の子どもと適切にかかわれるようになって欲しいと考えており,また,その目標に向かっていくためには,父親とのかかわりや父親の育児参加が重要であることがわかりました。この事例ではこの後,母親と父親が一緒に面接を行うようになり,数回のうちに母親の不安が解消されることとなりました。

引用文献

Abram, J.(1996). *The language of Winnicott: A dictionary of Winnicott's use of words.* H.Karnac(Books). 館　直彦（監訳）(2006). ウィニコット用語辞典　誠信書房

Adler, A. (1935). The fundamental views of Individual Psychology. *International Journal of Individual Psychology*, **1**, 5-8.

Ainsworth, M. D. S., Blehar, M. C.,Waters, E., & Wall, S. (1978). *Pattern of attachment :A psychological study of the strange situation.* Hillsdale, NJ: Lawrence Erlbaum Associate.

新井邦二郎 (1982). 発達と教育　福沢周亮（編）現代教育心理学　教育出版　pp.17-36.

新井邦二郎 (1997). 発達課題：乳児から青年まで　新井邦二郎（編）図でわかる発達心理学　福村出版　pp.9-22.

Axline, V. M. (1947). *Play therapy.* Boston: Houghton Miffline. 小林治夫（訳）(1974). 遊戯療法　岩崎学術出版社

Axline, V. M. (1964). *DIBS.* Boston: Houghton Miffline. 岡本浜江（訳）(1987). 開かれた小さな扉　日本エディターズスクール出版部

Bandura, A. (1969). *Principles of behavior modification.* New York: Holt.

Bolander, K. (1977). *Assessing personality through tree drawing.* Basic Books. 高橋依子（訳）(1999). 樹木画によるパーソナリティの理解　ナカニシヤ出版

Bowlby, J. (1951). *Maternal care and mental health.* World Health Organization. 黒田実郎（訳）(1967). 乳幼児の精神衛生　岩崎学術出

Chapter 2 保育カウンセリングを支える諸理論

版社

Bowlby, J. (1969/1982). *Attachment and loss, Vol.1, Attachment.* London : The Hogarth Press. 黒田実郎・大羽蓁・岡田洋子・黒田聖一 (訳) (1991). 母子関係の理論Ⅰ：愛着行動　岩崎学術出版社

Bowlby, J. (1988). *A secure base: Clinical applications of attachment theory.* London: Routledge. 二木武 (監訳) (1993). 母と子のアタッチメント――心の安全基地　医歯薬出版

Davis, M., & Wallbridge, D. (1981). *Boundary and space: A introduction to the work of D.W. Winnicott.* New York: Brunner/Mazel. 猪股丈二 (監訳) (1984). 情緒発達の境界と空間――ウィニコット理論入門　星和書店

遠藤利彦 (1997). 愛着と発達　井上健治・久保ゆかり (編) 子どもの社会的発達　東京大学出版会　pp.8-31.

遠藤利彦 (2005). アタッチメント理論の基本的枠組み　数井みゆき・遠藤利彦 (編著)　アタッチメント――生涯にわたる絆　ミネルヴァ書房 pp.1-31.

Erikson, E. H. (1950). *Childhood and society* (2nd ed.) W. W. Norton & Company. 仁科弥生 (訳) (1977). 幼児期と社会1　みすず書房

Freud, A. (1932). *The ego and defense mechanism.* 黒丸正四郎・中野良平 (訳) (1982). 自我と防衛機制　アンナ・フロイト著作集第2巻　岩崎学術出版社

Freud, S. (1925). *An autobiographical study.* New York: Norton.

深津千賀子 (2003). ウィニコットの母子関係論について　妙木浩之 (編) 現代のエスプリ別冊　ウィニコットの世界　至文堂　pp.162-173.

Glasser, W. (1965). *Reality therapy.* New York: Harper & Row. 真行寺功 (訳) (1975). 現実療法　サイマル出版会

Glasser, W. (1998). *Choice theory.* New York: Harper Collins. 柿谷正期 (訳) (2000). 選択理論　アチーブメント出版

Glasser, W. (2000). *Reality therapy in action.* Harper Collins. 柿谷正期・柿谷寿美江 (訳) (2000). 15人が選んだ幸せの道――選択理論と現実療法の実際　アチーブメント出版

原田正文 (2006). 子育ての変貌と次世代育成支援　名古屋大学出版会

服部祥子 (2000). 生涯人間発達論――人間への深い理解と愛情を育むた

めに　医学書院
Havighurst, R. J. (1972). *Developmental task and education* (3rd ed.) David Mckay Company. 児玉憲典・飯塚裕子（訳）(1997). ハヴィガーストの発達課題と教育　川島書店
Hughes, F. P., Noppe, L. D., & Noppe, I. C. (1996). *Child development*. Prentice-Hall.
井原成男（2006）. ウィニコットと移行対象　井原成男（編著）移行対象の臨床的展開――ぬいぐるみの発達心理学　岩崎学術出版　pp.10-41.
稲田雅美（2003）. ミュージックセラピィ――対話のエチュード　ミネルヴァ書房
石崎一記（2004）. 発達を促す　桜井茂男（編）　たのしく学べる最新教育心理学　図書文化　pp.23-39.
岩立志津夫（1997）. 遊びの発達　桜井茂男・岩立京子（編）楽しく学べる乳幼児の心理　福村出版
Jung. C. G. (1961). *Memories, dreams, reflections*. New York: Vintage Books.
亀口憲治（2003）. 家族のイメージ　河出書房新社
河合隼雄（1969）. 箱庭療法入門　誠信書房
古宮　昇（2001）. 心理療法入門――理論統合による基礎と実践　創元社
厚生労働省（2005）. 保育所の状況（平成17年4月1日）等について <http://www.mhlw.go.jp/topics/2005/09/tp0921-2.html>（平成17年9月21日公表）
前田重治（1985）. 図説　臨床精神分析学　誠信書房
松井紀和（1980）. 音楽療法の手引き　牧野出版
Minuchin, S. (1974). *Families and family therapy*. Cambridge: Harvard University Press.
宮田敬一（1997）. ブリーフセラピーの発展　宮田敬一（編）ブリーフセラピー入門　金剛出版　pp.11-25.
三浦和也（1999）. 遊戯療法　弘中正美・濱口佳和・宮下一博（編）シリーズ子どもの心を知る　第3巻　子どもの心理臨床　北樹出版　pp.114-138.
水島恵一（1981）. 図式的投影法による総合研究　体験と意識に関する総合研究第3集　文教大学

森谷寛之（1995）．子どものアートセラピー：箱庭・描画・コラージュ　金剛出版

中井久夫（1970）．精神分裂病者の精神療法における描画の使用　芸術療法, 2.

小此木啓吾（2002）．現代の精神分析――フロイトからフロイト以後へ　講談社

Pavlov, I. P. (1927). *Conditioned reflects*. New York: Oxford University Press.

Piaget, J. (1952). *La psychologie de l'intelligence*. Paris: Librairie Armand Colins. 波多野完治・滝沢武久（訳）（1989）．知能の心理学　みずず出版

Piaget, J. (1953). *Logic and psychology*. Manchester: Manchester University Press. 芳賀　純（訳）（1972）．論理学と心理学　評論社

Piaget, J., & Inhelder, B. (1966). *La psychologie de l'enfant*. Paris: Presses Universitaires de France. 波多野完治・須賀哲夫・周郷　博（訳）（1969）．新しい児童心理学　白水社

Rogers, C. R. (1951). *Client-centered therapy: Its current practices, implications, and theory*. Houghton Mifflin.

Rutter, M. (1981). *Maternal deprivation reassessed*(2nd revised ed.) Harmondsworth, Middlesex: Penguin Books. 北見芳雄・佐藤紀子・辻　祥子（訳）（1984）．続母親剥奪理論の功罪　誠信書房

佐治守夫・飯長喜一郎（1983）．ロジャーズ　クライエント中心療法　有斐閣

坂野雄二（2000）．臨床心理学キーワード　有斐閣

桜井茂男（1997）．乳幼児の心理　桜井茂男・岩立恭子（編著）　たのしく学べる乳幼児の心理　福村出版　pp.9-22.

Schaffer, H. R. (1998). *Making decisions about children*(2nd ed.) Oxford: Blackwell. 無藤　隆・佐藤恵理子（訳）（2001）．子どもの養育に心理学が言えること――発達と家族環境　新曜社

繁多　進（1987）．愛着の発達――母と子の心の結びつき　大日本図書

白川佳代子（2005）．システム論的家族療法による援助　小林芳郎（編）　家族のための心理学　保育出版社

Skinner, B. F. (1938). *The behavior of organisms*. New York: Appleton.

杉原一昭（2007）. 現代保育の課題とカウンセリング　冨田久枝・杉原一昭（編著）　保育カウンセリングへの招待　北大路書房　pp.1-6.
滝沢武久（2007）. ピアジェ理論から見た幼児の発達　幼年教育出版
詫摩武俊・瀧本孝雄・鈴木乙史・松井　豊（1990）. 新心理学ライブラリ 9　性格心理学への招待—自分を知り他者を理解するために—　サイエンス社
Winnicott, D. W. (1965). *The maturational processes and the facilitating environment.* London: The Hogarth Press. 牛島定信（訳）（1977）. 情緒発達の精神分析理論　岩崎学術出版社
Winnicott, D. W. (1971). *Psychoanalytic exploration by D. W. Winnicott.* London: Kalnac.
Winnicott, D. W. (1987). *Babies and their mothers.* Addison-Wesley.　成田善弘・根本真弓（訳）（1993）. ウィニコット著作集 1　赤ん坊と母親　岩崎学術出版社
山中康裕（1984）. 風景構成法　岩崎学術出版社
山中康裕（1990）. 芸術表現療法　河合隼雄（編）臨床心理学大系 8　心理療法 2　金子書房
山中康裕（1992）. なぐり描き法（スクリブル法，スクイッグル法，MSSM 法など）　氏原　寛（編）心理臨床大辞典　培風館　p.384.
山中康裕（1999）. 芸術・箱庭療法　氏原　寛・成田善弘　カウンセリングと精神療法：心理治療　培風館　pp.134-151.

Chapter 3
保育哲学・思想と保育カウンセリング

　本章では，まず最初に明治・大正から昭和にかけて，児童中心主義の進歩的な保育を提唱し実践して，日本の幼児教育における理論と実践の両面にわたって指導的な立場にあった倉橋惣三を，次に，その倉橋の保育観に大きな影響を与えた人として，フレーベル（Froebel, F. A.），モンテッソーリ（Montessori, M.）を，そして最後に，今日では学校教育現場だけでなく就学前教育においても子どもの発達と教育との関わりを考え，実践していくうえで重要な示唆を与えているヴィゴツキー（Vygotsky, L. S.）の4名を取り上げ，彼らの生い立ち，保育・教育との出会い，保育哲学・思想の特徴，および今日的意義と保育カウンセリングとのつながりなどをみていくことにします。

1. 倉橋惣三

［1］ 倉橋惣三という人

　倉橋［1882(明15) − 1955(昭30)］は，静岡県に生まれましたが，判事となった父親の仕事の関係で幼少の時代を岡山で送り，小学校在学中に東京に転校しました。少年時代は経済的には相当苦労したこともあったのですが，一人っ子として両親の暖かい愛を受けて育

ちました。その後,府立一中に進み東京帝国大学哲学科を 1906 年に卒業し,同大学大学院で児童心理学を学びました。倉橋は,当時の主任教授元良勇次郎の,学問の人でありながら事実をとらえようとする態度に影響を受け,学生時代から現在のお茶の水女子大学附属幼稚園に通い,子どもと一緒によく遊び,「児童心理学者の児童知らず」とはならない姿勢を貫きました。1913 年に東京女子高等師範講師となり,児童心理学を講義するとともに,各地での講演,フレーベル会の機関誌『婦人と子ども』への執筆,後には同機関誌の編集にも携わりました。

1917 年に東京女子高等師範教授に就任し,さらに同年より東京女子高等師範附属幼稚園の主事となり,幼稚園教育の実践と改善に努力します。1918 年にフレーベル会は日本幼稚園協会と改名し,1919 年に『婦人と子ども』は『幼児教育』と改名,さらに 1923 年に『幼児と教育』となり今日に至っています。

1919－1923 年には幼稚園主事を一時辞して欧米に留学し,新しい幼児教育学,児童心理学を学んだほか,新旧両タイプの幼稚園などの見学を通して,幼児が主体的に生活している園ほど子どもが生き生きしている姿は日米同じであることを確信するようになります。また,充実した社会教育施設を見学したことが,後の人形芝居や劇遊びを通した社会教育の取り組みへの契機になったとみられています。

帰国後,東京女子高等師範教育学科の教授として再び教壇に立つと同時に,附属幼稚園の主事としても幼児教育の実践に取り組みました。そして,教育刷新委員会の委員として幼稚園を学校教育機関に組み入れたほか,日本保育学会を創設して初代会長に就任し,没するまで会長職にありました。わが国の「幼児教育の父」「日本のフレーベル」とよばれています(坂元,1976;森上,1999)。

倉橋は多くの著書を残しており,主な著書には,『幼稚園雑草』

(1926),『幼稚園真諦』(1934),『育ての心』(1936),『子供賛歌』(1954)などがあります。没後に『倉橋惣三選集』(全4巻) (1965 – 1967) が出版されています。

[2] 倉橋惣三の教育観・保育観

　倉橋はヨーロッパの教育思想家であるペスタロッチやフレーベルの教育論を参考にしながら，子どもの自発的な活動の重要性を主張しています。また，倉橋は体系を追った抽象的な理論ではなく，常に生き生きした幼児の生活の具体的な姿をとらえ，幼児のありように即した保育論を構築しようとしたのです。そして，当時の幼児教育関係者によるフレーベルの恩物(後述)中心の保育を批判しつつ，フレーベル主義の根本は自己活動や遊びにあること，その遊びを含めて幼児の生活全般を発達の視点でみること，教育はその生活全般を対象とすべきであること，などを指摘したうえで，「実生活を教育的にする」方法として誘導保育法を展開しました。

　1) 誘導保育法　　これは，子どもの「自発的な伸びる力」にさまざまな刺激を与えて実りある成長を導くように，教育環境を丁寧に構築するという保育方法です。そして，1943年には誘導保育法として，「幼児さながらの生活 – (設備，自由) – 自己充実 – 充実指導 – 誘導 – 教導」と定式化しました。この「幼児さながらの生活」とは，幼児が主体的に遊び，あるがままに過ごしていることであり，そうした幼児の生活をより高い次元へ高めていくプロセスとして定式化されています。と同時に，このようなプロセスを経て，高い次元へ幼児の生活を高めるのが保育のねらいであり，保育者の役割である，としているのです。

　幼児のあるがままの生活を保障するには，幼児自身の自己充実を信頼し，それを十分実現してやることが大切となります。そのためには，幼児が十分に自己充実し得る設備が必要であり，しかも，そ

の設備を十分に使うことができるだけの「生活の自由」も大切となります。このようにして幼児の自己充実が達成されたとき，初めて「充実指導」が成り立つ，と倉橋は考えました。

次に充実指導には保育者がかかわるのですが，単に教育指導するのではなく，幼児自身が自己実現できているかどうかに重点を置いた指導をするのです。自己充実では，保育者は設備と自由との背後にあって指導するのに対して，充実指導では幼児がしている自己充実を内側から指導します。すなわち，「相手の内部に即しての内部指導」であるということになります。「誘導」は，この自己充実，充実指導の上に保育者の意図が加味され展開されていくのです。

さらに，倉橋は自己充実，充実指導，誘導の後に「教導」を位置づけていますが，これは学校教育の中で主に行われるものであり，幼稚園では少し行うにしても，主には誘導までのプロセスを丁寧に行うことが大事である，と論じています。

2) **誘導保育法の特徴**　倉橋が定式化した誘導保育法は倉橋独自のものではなく，明治期の幼児教育関係者がしだいにフレーベルの形式主義を脱し，遊戯論を創造しながら積み上げてきた理論なのです。

倉橋は誘導保育法のことを，「生活を生活で生活へ」と述べています。それは，この教育法の特徴が生活を通した教育であることを意味しています。つまり，幼児のあるがままの生活から出発し，ともに生活者である幼児と保育者とが，日々一緒に生活するなかで相互に働きかけることを通して，幼児の生活を新しい次元の生活へ高めるという教育方法であると同時に，教育内容でもあるのです。

倉橋の誘導保育法においては，幼児の自発的な遊びを中心とした生活があり，そこに誘導が行われる際には，どのような環境をどのように準備し利用するかといった点や，具体的にどのように幼児へ働きかけるかといった点には保育者の意図が働くことになります。

したがって，幼児の生活，保育者の意図，および生活者としての保育者のあり方が交叉することによって，幼児の生活が新しい生活の内容へと誘導されていく，とみなされます。そして，日々の誘導保育においては製作活動が重視されていますが，そこには「生活の間口」として，将来，人間は働くということへのつながりが意図されています。

3) **誘導保育法と家庭生活**　倉橋は家庭生活がもつ教育的意味あいとして，①家族構成員の間で展開される純粋な人間的なふれあい，②家庭生活で営まれる現実性，③家庭生活おける個性ないし限定性，の3つをあげています。中でも親やきょうだいとのあるがままのふれあいを重視し，幼稚園の生活・教育の原点は家庭生活にあると述べています。そして，教育へ生活をもってくるのではなく，生活へ教育をもってくる必要があると考えたのです。親が生活者として存在し家庭生活を営みながら，無意識的に子どもに影響を及ぼしている親子関係のあり方を，幼稚園での教育方法として誘導保育法に定式化したのです（諏訪, 2007）。

4) **保育者論**　倉橋は，今を最大限に生きる幼児の生活をより充実させることが大切であると考え，保育者の役割は，幼児自身の自己実現を支える環境を整え，幼児の必要に応じて自己充実を援助し，幼児の生活に系統性を与え，より豊かな生活に高めるよう誘導していくことである，と論じています。その際に，幼児の自然な生活形態から遊離せずに，あくまでも日常生活の中で発達を誘導していくことを強調しています。生活を通した教育ゆえに，保育者の専門性が求められるといえるでしょう（諏訪, 2007；森上, 1999）。

[3] 倉橋理論の今日的意義と保育カウンセリング

倉橋の子ども観や保育理論は，時間の流れ，時代の変化にもかかわらず，保育の質を考え，維持していくうえで，今日においても乳

Chapter 3 保育哲学・思想と保育カウンセリング

幼児保育,および幼児教育の原点であり,その根幹を示すものといえます。

そのような倉橋理論の今日的意義としては,次の3つをあげることができます。

第1には,人間学的アプローチを重視した点です。当時の心理学的児童研究では,実験的方法やメンタル・テストなど客観性を重視する自然科学的アプローチが強調されていました。そのような時代傾向の中で,成人の心に対して,幼児の心は未分化であり,知的働きと心情的な働きは関連しあっており,それらを切り離してとらえることは不可能であるとし,あくまで人間学的アプローチを重視したことは,高く評価できます。また,倉橋の人間理解や子ども理解は,今日の現象学に近いのです。子どもに直接関わった生活感覚に基づいて子どもや保育を考えるといった研究態度や姿勢から,事実そのものへの還帰,主観性の重視,主観と客観の融合,先入見の排除と開かれた態度など,現象学が強調する用語が,倉橋の文章には多く含まれています。

このような人間学的アプローチや現象学的視点からの子ども観,保育観は今日においても注目されます。その一方で,その起点となる家庭生活や地域のありようは,常にその時代的背景の上に成り立っているものであり,その点については今日的状況を十分考慮する必要があることはいうまでもないでしょう。

第2には,人間学的アプローチや,現象学的研究態度をとったことを基底として,今日のカウンセリングに近い発想が保育観の中にみられることです。たとえば,『育ての心』(1936)の中で「うれしい先生」とは,その時々の心持ちに共感してくれる先生である,と述べています。また,保育者自身のさまざまな感情や悩みがまず受容されて,はじめて保育の状況を客観的にとらえることができるようになり,子どもの前では自分の感情を抑え,子どもを受容するこ

とにつながっていく、と考えています。ここで強調されていることは、まさにカウンセリングの重視している共感性の理論です。

　第3には、幼稚園と保育所の関係において、両者の機能を二分的にとらえることに批判的であったことがあげられます。当時、倉橋は制度自体の急な変革は困難であるにしても、保育者の心の中の保護と教育の一体化を図ろうとしており、幼保一元化論者として位置づけられます。今日においてもなお就学前保育・教育が抱える本質的な問題に対して、子どもへの共感性の理論に基づいたあるべき方向性を示唆している意味は大きいのです。

2. フレーベル

[1] フレーベルという人

　フレーベル (Froebel, F. A.; 1782 - 1852) は、ドイツのチューリンゲンの田舎町に牧師の5人兄姉の末っ子として生まれましたが、生後9ヶ月で母親を亡くし、4歳で継母を迎えることになります。しかし、その継母に実子が生まれたため孤独な幼少期を過ごすことになり、自然と宗教的な情操教育が彼の唯一の糧となっていきました。10歳のときに、聖職者である実母の兄がフレーベルの実情を察知し、彼を自らの元に引き取り、以後4年間、その伯父の庇護のもとに暮らし、この地の学校で多くの学友に恵まれました。しかし、フレーベルには進学するだけの経済力がなかったため、働きながら学んだ後、1799年にイェーナ大学に進学しました。そこでペスタロッチ (Pestalozzi, J.) の影響を強く受け、実際に訪ねて指導を仰ぐなどして、独自の教育思想を創出し教育の道に入っていきました。

　1816年に少数の親戚の子どもを集めて一般ドイツ教育所を開き、教育活動を始めます。翌年には活動の場をカイルハウに移し、子ど

も達の教育に情熱を傾け，ここでの実践を元に，1826年に主著である『人間の教育』を著します。しかし，その学園が経営難のため1829年に閉鎖に追い込まれます。その後，スイスで孤児院長などを歴任するのですが，人間教育の基礎は幼児期の教育にあると考え，生地に近いブランケンブルグを活動の場に選び，1837年に「自己教授と自己教育に導く直観教授の施設」を設立しました。ここで恩物（Gabe）を考案し，この恩物を適切に用いて指導できる保育者を養成したいと願い，1839年に幼児教育指導者講習科を開設しました。そして，この講習生のために約40人の幼児を集めた幼児教育の実習の場を「遊びと作業の学園」とし，翌年の1840年には実習施設を統合して「一般ドイツ幼稚園」と命名しました。これが世界最初の幼稚園の創立であり，フレーベルが「幼児教育の父」とよばれるゆえんです。この幼稚園という名称には，自然の園で，万物が神の恵みのもとに調和と統一がなされ，いきいきとその本質を伸ばしていくように，幼児もこの園で本質を伸ばしてほしいという願いが込められています。しかし，1851年にプロイセン政府は，突如として子どもを無神論に導くという理由から幼稚園禁止令を出し，フレーベルの没後1860年に幼稚園は廃止されてしまったのです。

主な著書に『人間の教育』（1826），『母の歌と愛撫の歌』（1844）などがあります。フレーベルの伝記として，『フレーベルの生涯と思想』（荘司，1975）のほか，『フレーベル全集』（全5巻）（1986 – 1988）などが出版されています。

[2] フレーベルの教育観・保育観

フレーベルによると，生まれたばかりの子どもは，ちょうど熟した実が親の木から落ちてきたようなものであり，生命を自らの中にもつ成熟した種子のように発展的なものである，というのです。ま

た，自然を通して神を知らせることによって，人間が神のように絶えず創造したり，生産するようになり，しかも，そうした創造する能力の萌芽はすでに出生直後の子どもに与えられている，とも述べています。

このようにロマン主義の立場から，フレーベルは子どもの本質を神的なものととらえ，教育においては，子どもに備わっている創造する力の萌芽を発展させればよいのであり，それは自ずと受動的で，追従的なものである，と主張しました。すなわち，庭師が植物の本性に従って，水や肥料をやり，日照や温度を配慮して剪定するように，教育者も子どもの本質に追随し，その展開を保護し，助成するように働きかけなければならない，としました。また，そのように働きかけるには，理想的な遊具を与える必要があり，その遊具を通して，幼児は自然や自然の法則を知り，自然の創造主を予感したり，神の働きを知って，やがて自分自身を知るようになる，と考えました。

フレーベルは，このように教育の使命は自由と自己決定によって子どもの中に神性を発現させることにあると考え，幼児教育の重要さや，幼児期の活動として遊びの重要性を掲げました。そこから彼のKindergarten（幼稚園，子どもの庭）という名称が生まれ，世界における幼児教育，幼稚園教育のルーツとなったのです。

1）自己活動に基づく保育　フレーベルは，幼児の活動を常に創造的なものであり，自己啓示的なものであるとみなしています。したがって，大人の目には意味がないようにみえる幼児の活動にしても，妨げたりせずに，注意深く見守り，思慮深く保育することが必要であるとし，子どもの自己活動を重視しました。

また，フレーベルは人間の発達を連続的で発展的なものであるととらえており，乳児期から老年期までの生涯発達の連続性を唱えています。その視点から子どもを共感的に理解し，そうした理解に基

づく教育の大切さを主張するがゆえに，彼は早期教育に対して反対する立場をとりました。こうして，彼は幼児の活動は意義深いものであり，高い価値をもつとみなして，教育活動においても幼児の活動に対する衝動に注目しました。彼によると，人間には三位一体的な創造的活動，すなわち，行動し，知覚し，思考する，といった3つの働きが一体となった活動への衝動があり，この衝動によって一人ひとりの子どもは突き動かされ，自分なりに理解したり，知覚したり，自らを知ったり，自己決定したりする，と考えました。そして，神性を本質とする人間は，神と同様に創造し働かなくてはならないし，人間が生きるということは働くこと，仕事をすることである，とも述べているのです。乳児の感覚活動や身体活動，子どもの遊びや造形といった生産活動は，この働くこと・仕事をすることにつながるものとみなしています。また，恩物は，この活動への衝動，ないし作業への衝動を育むための手段として考案されたのです。

2) 遊びの重視　　フレーベルは子どもの遊んでいる姿を見て，その遊びは瞬間的であり，長続きせず，一つのものを作っては壊し，壊しては作るということの繰り返しであることに気づきました。そして，幼児のどのような遊びにも，人間として最も純粋な素質や最も内なる精神が発揮されていると考え，彼は遊びの教育的役割を重視しました。そして，幼稚園の教育内容は，遊びや作業を中心にすべきものと考え，そのために遊具を考案し，花壇や菜園や果樹園からなる庭を幼稚園に必ず設置すべきであると主張しました。このようなことからも，遊びを重視した教育史上の第一人者といえるのです。

3) 恩物（独語＝ Spielgabe，英語＝ Froebel Gifts）　　フレーベルの「一般ドイツ幼稚園」での教育実践の中で，その遊びを助ける役目をもつ遊具として，彼が1830年代に考案し製作した一連の教育遊具が恩物とよばれます。Gabe（独語）の訳語で，神か

ら授けられたものという意味であり，いわゆる教育玩具の始まりとみなされます。

フレーベルが考案した恩物の目的には，3つの基本的原理があります。すなわち，①子どもに神の働きを知らせ，神のように子どもに創造力，想像力を呼び起こすこと，②幼児の活動が飛躍せずに連続的に発展できるように，次の遊びの芽生えが前の遊びの中に含まれていること，③恩物を使った活動を通して子どもの認識能力だけでなく，心情や意志も同時に訓練されること，の3つです。

恩物には第1恩物から第10恩物まであります。丸・三角・四角の基本的な形体からなっており，それぞれの形と寸法が体系的に構成され，互換性をもっているため，発達段階に応じてさまざまな遊びが可能です。具体的に第1恩物は6色の毛糸でできた直径6センチの6個の球で，乳児のために考案されました。第2恩物は木製の球と円筒と立方体の1組，第3恩物は立方体，第4恩物は直方体のそれぞれ積木で，いずれも第1恩物からの連続性をもちつつ，丸，三角，四角という数理的な法則性をもったものです。第5恩物は立方体と三角柱，第6恩物は立方体と直方体のそれぞれ積木，第7恩物は色板，第8恩物は棒，第9恩物は環，第10恩物は粒となっています。子どもは発達に即して，それらを組み合わせたり，分解したりして数の多少や部分と全体などについて認識するようになるのです。また，バランスのとれた形を構成し美しさを表現したりすることもできます。さらに，恩物を使ったグループでの遊びでは，仲間と協力したり，仲間の意見を聞いたりするなど，社会生活の基礎を学ぶこともできます。

恩物に象徴されるフレーベルの教育思想は，その後，全世界へと広がり，アメリカのデューイ（Dewey, J.）らの新教育運動にも大きな影響を与えていきます。恩物は英語圏でGiftと訳され，日本には明治の始めにアメリカを経て伝えられました。そして幼稚園創

立とともに導入され,「恩物」と訳されて,幼児教育・保育の教具として用いられ,影響を与えてきました(荘司, 1975)。

しかし,19世紀末にホール(Hall, G. S.)ら心理学者により,その象徴主義の面が批判され,フレーベルとその弟子たちによって考案された本来の恩物による保育は衰退していきました。積木を典型とする遊具は,恩物の変形として,今日でも広く幼児教育の場で用いられており,恩物を幼児教育に積極的に活用している園もあります。

[3] フレーベルの今日的意義と保育カウンセリング

わが国の幼稚園は明治初期の創設以来,フレーベルの影響を強く受けてきていることは,前節で述べたとおりですが,フレーベルの今日的意義としては,次の3つがあげられます。

第1には,フレーベルは子どもを絶えず観察し,子どもから学び,そこから子どもの活動の意味をみてとった人であり,子どもが生まれながらにもっているものを大切に考え,創造的自己活動こそが教育であるとした点です。また,活動の中でもとくに遊びを重視し,遊びを通して子どもは外界を探索し,知的好奇心に突き動かされて自然を知り,抽象的な思考ができるようになっていく,という子ども観・保育観は,今日に通じるものです。

第2には,生涯発達の視点をあげることができます。人間の生命の発展は連続的に進行するものであるとし,少年期には幼児期を,青年期には少年期を含むととらえたこと,生涯発達の中でも幼少期の重要さを掲げたことは,今日の生涯発達の視点と共通し,注目に値します。

第3には,フレーベルはこれまであまり注目されていなかった子どもの描画活動に,発達的意味を見出し教育の手段としても重視した点です。描画は子どもの表現活動であり,創造活動でもあり

ます。描画活動を通して、子どもの観察力や注意力、物の全体を把握する力、物事を回想したり記憶する力、さらには想像したり発見する力が育まれるだけでなく、心情の調和的な発達も促されるとしているのです。そして、描画は「ことば」と「もの」の中間にたつものであるととらえており、描画を通して子どもの内的世界を理解し、子どもの気持ちに寄り添う保育を探求していくことが可能となり、保育カウンセリングへの発展性を包含しているとみることができます。

3. モンテッソーリ

[1] モンテッソーリという人

モンテッソーリ（Montessori, M.；1870－1952）は、イタリアのローマ近郊に、軍人で保守的な父親と、当時の著名な科学者であり哲学者でもあったストパニ（Stoppani,A.）の姪にあたる進歩的な性格をもつ母親との間の一人娘として生まれました。一人っ子でしたが甘やかされることはなく、とくに母親の影響を強く受けながら育ちました。10歳代半ばから数学への関心と才能を示し始め、技術者になることを志し工業高等学校で学びますが、最終的にはローマ大学で医学を修めます。1896年に、イタリアでは女性として初の医学博士となり、卒業後2年間は大学附属の精神病院に助手として勤務するのですが、その頃から教育に関心をもつようになります。

当時、知的障害は精神病患者と同じに扱われ、医学における治療の対象と考えられていました。それに対して、モンテッソーリは障害児教育のセガン（Seguin, E.）に学び、その理論に従って知的障害児への感覚教育法による治療教育の可能性を確信するようになっていきました。そして、国立特殊児童学校の設立に努力し、開設時

には所長として2年間，知的障害児の実際の指導や教師の養成にあたりながら，さらに知的障害児教育の研究を積み重ねていきます。

こうして，知的障害児教育での一定の成果を踏まえたことから，この教育方法は健常児の教育にも適用できると考え，それを確かめるために，ローマ大学哲学科に再入学し，実験心理学や，ペスタロッチ，フレーベルなどの教育学にも研究領域を広げていきました。その後，1904－1908年には，ローマ大学教育学部で教育人類学を講じながら開業医としても活動しつつ，健常児の教育の機会を待ちます。そして，1907年にローマで貧困層向けのアパートに保育施設を設置することになり，モンテッソーリはその監督・指導を委ねられ，「子どもの家（Casa dei bambini）」を開設したのです。そこで，子どもに安全で衛生的な生活・教育環境を整え，健全な発達を保障するという彼女の独特な教育法を完成させました。晩年には，平和と子どもの生命の尊重を訴える運動を展開し，ノーベル平和賞の候補にもあげられました（林・石井, 1999）。

著書に『モンテッソーリ・メソッド』(1909)，『子どもの心』(1945)，『モンテッソーリの教育―子どもの発達と可能性』(1948)などがあります。

[2] モンテッソーリの教育観・保育観

モンテッソーリの子ども観は，フレーベルの子ども観とは大きく異なります。フレーベルは子どもの中に発現されるものがあらかじめ定められていると考えるのに対して，モンテッソーリは子どもの特性は「吸収する心」にあり，子どもはこの吸収する心の能力によって，さまざまな感覚的経験を吸収しては同化し，一人ひとりの個性的で創造的な活動に基づいて，自らを芸術作品のように個性的に創りあげていくととらえています。すなわち，子どもは本来，自らの内に自らを成長させようとする力（衝動）を秘めており，条件さ

え整えば，その力に基づいて自己発達，自己形成を遂げようとすると考えました。そして，成長への力に基づいて自己発達を遂げていく子どもこそ，真のありのままの子どもであり，彼女は，そのような子どもを「正常化された子ども」，あるいは「正常な子ども」とよびました。

また，このありのままの姿について，彼女は子どもが束縛から解放され，自由が保障されている状態である，と考えています。そして，その自由とは，子どもが自らの関心に従って活動を選び，その活動を誰にも妨害されることなく心ゆくまで取り組むことができるという自由であり，そこに子どもの真の姿が現われるといいます。したがって，彼女の教育の基本は，子どもは，自ら成長・発達させる力をもって生まれており，大人である親や教師や保育者は，その要求を汲み取り，自由を保障し，子どもの自発的な活動を援助する存在に徹するべきだ，という考え方にあります（モンテッソーリ，1971）。

モンテッソーリの教育は，実験と経験，観察と発見の過程によって展開したといわれます。すなわち，「子どもの家」における教育実践の方法原理は，子どものありのままの姿を観察し，そこから何らかの法則性を発見し，その法則に適合する教育方法でなければならないと考えました。こうした態度は，モンテッソーリが教育を科学化しようとしたことによります。

1）**モンテッソーリの教育方法**　モンテッソーリ教育の目的は，それぞれの発達段階にある子どもを援助し，「自立していて，有能で，責任と他人への思いやりがあり，生涯学び続ける姿勢を持った人間を育てる」ことにあります。1909年に出版された『モンテッソーリ・メソッド』は，科学的教育法とも称され，子どもの活動をつぶさに観察し，自然な活動のリズムやペースに従い，適切な発達を促す教育環境を組織することによって，子どもの自己発達を

保障しようとする方法です。教師主導の一斉保育ではなく，子ども一人ひとりの個性的発達や，自由が保障された異年齢構成による民主的な社会構成を重視する教育形態がとられました。

しかし，子どものさまざまな能力の発達には自然に定められた一定の秩序・リズム・法則性があるとも考え，特定の活動に精神が集中する「感覚的敏感期」をとらえ，その時期に相応しい教育をするのが，それぞれの子どもの個性的発達を助けるモンテソーリ教育法の特徴でもあります。教育内容としては，日常生活，感覚教育，言語，算数，文化などが取り上げられ，関連する多様なモンテッソーリ教具が考案されています。

①日常生活の練習では，子どもが随意筋を使ってスプーンやフォークで食事をするなどの日常生活の練習を通して，自立し，自信がもてるように援助します。2〜3歳を「身体発達と運動の敏感期」とし，大人の動作を模倣したりして，子どもは自分の意志どおりに動く身体をつくり，自分のことが自分でできるようになり，その結果，自立心，独立心が育まれると考えています。

②感覚教育では，環境との接点である子どもの感覚器官へ働きかけます。すなわち，色・味・重さなどの物の性質への興味に基づいて，環境から必要なものを吸収しつつ自分を成長させていくことができるように，子どもに感覚を洗練させ，意識的に吸収する力を助長して抽象的概念を獲得させ，考える方法を身につけさせるように援助します。そのためにモンテッソーリが考案した感覚教具には，比較することを基本として，対にする，段階づける，仲間分けする，の3つの操作法が組み込まれています。

③数教育では，子どもは生まれつき数学的センスをもっているととらえ，数える喜び，わかっていく楽しさを経験させながら，論理的に物事を考える基礎を形成していきます。抽象的・論理的な力を要求される算数教育では，算数棒，ビーズなどの具体的な物を用い

て量を体感させることから始め，多くの教具による細かいステップを踏みながら，数量概念の基礎から十進法，加減乗除へと子どもを無理なく導いていきます。

④言語教育では，絵カード，文字カードなど，それぞれの発達段階に即した教具を使い，話す，読む，書くといった作業を通して語彙を豊かにすることを目指し，最終的には文法や文章構成の理解へと進みます。

⑤文化教育では，上記の基盤の上に，自国の地理的，文化的条件のなかで創造された伝統的知識や生活様式を受け継ぎ，発展させていくための基盤を培うことを目的としています。主に身近な歴史，地理，生物，音楽などに触れたり，観察したりして，文化を獲得する態度を養うものです。年長の子どもは知的，情緒的，精神的成長の感受性が強い時期でもあり，身のまわりにある地理・歴史・生物・芸術・宗教に触れることは，子どもの生きる喜びの創造にもつながっていく，と考えているのです。

2) モンテッソーリ教育の特徴　モンテッソーリの「子どもの家」の教室では，整然と並ぶ色とりどりの「教具」とよばれる木製玩具が置かれ，子どもが安心して自由に遊び，作業できる環境整備が重視されています。また，モンテッソーリの感覚教育法では，教具の形，大きさは無論，手触り，重さ，材質にまでこだわり，子どもの繊細な五感をやわらかく刺激するように配慮されています。あくまで子どもが主人公になれるように，①子どもサイズのもの，②子どもが一人で持ち運びできるもの，③子どもが魅力を感じるもの，④生活の中にあるもの，が教具として各領域ごとに系統的に構成されており，子どもにわかりやすく教えられていきます。また，社会的・知的協調性を促すために，3歳の幅をもつ異年齢混合クラスを構成し，人との関係を結びながら自己形成を援助する保育者の役割の重要性を指摘しています。と同時に，保育者は「教える人」

ではなく，子どもを観察し，自主活動を援助する人的環境の要素として位置づけられていることも，モンテッソーリ教育の特徴といえるでしょう。

3) **日本におけるモンテッソーリ教育**　子どもの自主性，独立心，知的好奇心などを育み，社会に貢献する人となることを目的とするモンテッソーリ教育は，欧米ではオルタナティブ教育として評価されています。一方，日本には 1960 年代に紹介され，モンテッソーリ・プログラムを導入する幼稚園やモンテッソーリ教育を専門に行う「子どもの家」が創設されました。日本においては潜在能力を引き出し，知的能力を促す小学校の受験対策といった英才教育や早期教育として注目されたため，その受け止め方は多様です。その両極端をあげるならば，反感を示す人々がいる一方，モンテッソーリの理論に忠実に教具を用いた保育実践，および教員養成も行われています（林, 1986）。

[3] モンテッソーリ教育の今日的意義と保育カウンセリング

モンテッソーリの教育目的を達成するために，彼女は子どもを観察し，そこから得た事実に基づいて教育法を構成し，独特の体系をもった教具を開発して，教育を科学化することに徹しました。こうした姿勢を含めて，モンテッソーリ教育の今日的意義として，次の3つをあげることができます。

第1には，敏感期という考え方をしている点です。これはハヴィガースト（Havighurst, R. J.）やエリクソン（Erikson, E. H.）の発達観と共通するものです。すなわち，発達の各段階には，その段階に固有の課題，その段階で達成されなくてはならない課題があり，いかにそれを達成するかが，後の発達に大きな影響を与えると考えられています。モンテッソーリは，子どもの内発的な発達プログラムに基づく5つの発達課目を設定し，さらに自主性から自己形成を

重視した点は今日的意義として評価できるでしょう。

　第2には，科学的体系に基づく教育法の効果について，現代の大脳生理学，心理学，教育学などの成果によって，その妥当性が証明されつつある点です。感覚訓練を通した読書や算数の教授も，就学前の段階から積極的に試みられていることや，異年齢保育，子ども主体のオープン・エデュケーションなどの実験的試みは，それぞれに有効な効果を生み出しており，その後の保育実践に大きな影響を与えてきています。

　第3には，一人の子どもの自我の確立を教育の最終的なねらいとした点です。活動の選択，活動の自由が保障されていることが，ひいては自分の存在を根源的に肯定する感覚，自分は生きるに値する人間だという感覚を確立することにつながっていくというのです。こうした自我の確立に向けて，教師の役割を明確にする一方で，教師を環境の一部としている点は，今日の保育者の役割と共通しています。さらに，異年齢保育を積極的に取り入れることには，自我の確立におけるピア・カウンセリング的要素を含むものとしてみることもでき，保育カウンセリングの視点に通じるものといえるでしょう。

4. ヴィゴツキー

[1] ヴィゴツキーという人

　ヴィゴツキー（Vygotsky, L. S.：1896 – 1934）は，旧ソヴィエト連邦の心理学者であり，ベラルーシの裕福なユダヤ人家庭に生まれました。早熟で非凡な才能のもち主であったヴィゴツキーは，後に「心理学におけるモーツアルト」とよばれるようになるのですが，その秀才ぶりは，少年時代から発揮されました。私立の中等学校でドイツ語，フランス語，ラテン語を学ぶほか，家庭では英語，古代

ギリシャ語，古代ヘブライ語を学び，卒業成績は全教科で優秀であったといいます。

その後，モスクワ大学に入学し法律学を専攻するのですが，在学中にロシア革命を経験し，この時期に哲学，社会科学，心理学，言語学，文学，美術など，広範な領域の百科全書的知識を身につけました。これが後の心理学研究の基盤となったとみられます。

1918年に大学を卒業したヴィゴツキーは故郷で中等学校や師範学校の教職に就き，そのかたわら勉強を続けました。1924年にモスクワに戻り，本格的な研究活動を開始し，その後の10年ほどの短い研究活動の中で，発達心理学をはじめとする幅広い分野での多くの実験的・理論的研究を行ったのです。

ヴィゴツキーはスイスの心理学者ピアジェ（Piaget, J.）と同年に生まれましたが，ピアジェは84歳の生涯を通して活躍し，その業績は早くから注目されてきたのに対して，ヴィゴツキーは37歳で結核のため若くして亡くなったゆえに，彼の業績が西欧社会で注目されるようになったのは死後の1960年代になってからでした（柴田, 2006）。

主な著書として，初期には『教育心理学講義』(1926)，晩年には『思考と言語』(1934)，『「発達の最近接領域」の理論』(1935) などがあります。

[2] ヴィゴツキーの教育観・保育観

ヴィゴツキーの理論は，伝統的な心理学や教育学に対して果敢な論争を挑みかけることからはじまります。ロシア革命後の時代的風潮がそのようにさせたともいえます。当時，心理学や教育の世界も大きな転換期に直面しており，ヴィゴツキーは「心理学の危機」として，この問題を取り上げ，欧米の観念論的心理学の諸学派に徹底した批判を加え，科学的・唯物論的心理学の方法論を構築すること

を目指しました。

　ヴィゴツキーの心理学には4つの基本的主張が含まれます。すなわち，①精神発達が「精神間機能から精神内機能へ」と展開すること，②あらゆる思考が「道具に媒介されている」こと，③子どもの発達は「発達の最近接領域」で生起すること，④「科学的概念は生活的概念と異なる」こと，の4点です。これらは互いに関連しており，社会・文化的歴史の中で人の発達をとらえることに大きな特徴があります。

　1) 精神間機能から精神内機能へ　　人間に特有な高次の精神活動は，最初，他の人々との協同作業の中で外的な「精神間機能」として現われ，それがやがて個々人の「精神内機能」，つまり，論理的思考や道徳的判断，意志などの様式へ転化していく，と考えています。その典型的な例は子どものことばの発達にみることができます。すなわち，ことばは，はじめ子どもと周りの人々とのコミュニケーション手段である「外言」として発生します。この話しことばが，6-7歳頃に「内言」に転化するようになって，ことばが子ども自身の思考の基本的な手段となり，内部的精神機能となる，というものです。さらに，ことばと結びついた形で，論理的思考や，道徳判断・意志の発達も，最初は周りの人との集団遊びの中で自分の行動を規則に従わせる能力として発生し，その後，子ども自身の内部的機能として行動を意志的に調整していくことができるようになっていく，とみています。ただし，精神活動（知能）は，精神間機能で始まり，最終的に精神内機能で終わるというのではなく，人は絶えず新しい精神間機能，つまり，他の人々とのより広い，より深い関わりへ向かうもの，ととらえています。

　2) 道具に媒介されていること　　人間に固有な心理的特質は，活動の中に中間的媒介物，主として言語が介入することで，自然的・直接的な心理過程が間接的な過程に転化することによって生じ

てくる，とヴィゴツキーは仮説しています。この心理的道具としての言語の特質とは，常に何かを「意味する」ことです。言語のほかに心理的道具の実例として，記数法や計算のさまざまな形式，代数記号，芸術作品，文字，図表，地図など，あらゆる種類の記号をあげています。こうした心理的道具をもって環境と関わる人間の心理活動は，環境に変化を与えるだけでなく，自分自身の行動や思考をも変化させ，より合理的なものとしていく，とヴィゴツキーは考えています。

3) **発達の最近接領域**　この概念は子どもの精神発達と教授－学習との関係に関する考え方であり，ヴィゴツキーが考案した新しい心理学概念です。子どもの発達状態を評価するときには，成熟した機能だけでなく，成熟しつつある機能をもとらえる必要があると主張するのです。たとえば，知的理解に関して，子どもが一人で取り組み正答できる「現在の発達水準」と，教師が援助したり，仲間と一緒に取り組むと正答できる「明日の発達水準」には差があり，その差を彼は「発達の最近接領域」とよんだのです。そして，教育的働きかけは「現在の発達水準」だけでなく，一人ひとりの「発達の最近接領域」をも考慮し，その水準を一人で解決できるようにするものでなければならない，と唱えているのです（ヴィゴツキー，1935, 邦訳 2003）。

4) **生活的概念と科学的概念**　子どもは生活の中で対象についての概念を自然と身につけていきますが，最初は概念そのもの，あるいはその対象を思い浮かべるときの自分の思考活動を自覚していません。つまり，対象と対象の間に経験的な関連づけがなされているに過ぎず，このような概念を「生活的概念」とヴィゴツキーはよんでいます。そして，概念の心理学的特質を規定する基本は「体系化」であるとし，生活的概念では，この体系化がなされていないのです。これに対して体系化が進むと，他の諸々の概念との関係を

通した間接的な関係をとらえることができるようになり，経験を超えた関連づけが可能となります。こうした体系化された概念が科学的概念です。子どもが自分の思考活動を自覚し，「科学的概念」を習得していくためには，生活的概念の発達が一定の水準に達していることが前提です。そのためには幼児期における豊かな経験が必要であり，重要なのです。

5) ヴィゴツキーの再評価　1960年代になって，ブルーナー（Bruner, J. S.）を中心としたアメリカにおける「教育の現代化」の流れの中で，ヴィゴツキー理論が注目されるようになりました。すなわち，西欧，米国，そして日本でも，「発達の最近接領域」の概念に基づいて，子どもの周りにいる大人が適切に働きかけ「足場づくり」をすることで，子どもの能力は育つという「教育万能主義」を生み出しました。しかし，実際には，こうした大人の手ほどきによるだけでなく，子どもは外界のさまざまな事物の中から自分なりに「足がかり」を見つけたり，学習や発達において子どもが独自に新しい「足がかり」を創出する可能性もあります。こうした視点から，1970年代の後半より，ヴィゴツキーの弟子のルリアのもとで研鑽を積んだ米国の心理学者コール（Cole, M.）は，ヴィゴツキー心理学の神髄は，人間の思考や認知はその発生の段階から，文化や社会の中での人々の実践が深く関係していることを指摘しました。そして，人間の学習は状況に埋め込まれたものであり，状況から切り離された実験課題とか，テスト問題とかで測れるものではなく，また，生き生きとした現場の中で人がどのように行動するかということの中にこそ学習はある，と提唱しました。こうした観点によるヴィゴツキー理論の新たな理解は，今日では新しい学習理論の中に引き継がれています（柴田, 2006; 佐伯, 2007）。

[3] ヴィゴツキーの今日的意義と保育カウンセリング

　ヴィゴツキーの理論における主張の重要な点は，人間としての高度な精神機能は，人とのふれあいの中で育まれるということにあります。こうした観点は，今日の教育現場における実践に大きな影響を及ぼしており，ヴィゴツキーの今日的意義として，次の4つをあげることができます。

　第1には，上記のように，人間としての高次の精神機能は，人間に生まれつき備わっているものではなく，それは人々と協同して活動する中で発生していくとした点です。

　第2には，「発達の最近接領域」の概念です。これは，子どもの精神的発達において大人がリードする役割と同時に，子ども自身が積極的に内面的な活動をしたり，子どもたちが集団で協同して活動することが必要であり，大切であるとする理論です。このような観点から，就学前の幼児においても，さまざまな活動について幼児一人ひとりの発達の最近接領域をとらえ，保育者や教師の教育的働きかけのあり方や，仲間との共同から協働での学びにつながる環境設定のあり方を工夫し創造していく，といった影響を及ぼし続けています。

　第3には，異質な能力をもった子どもたちが協動で学び合うことの大切さを主張している点です。健常児だけでなく障害をもった子どもたちの集団についても，「異質共同の学習」としてその重要性と効果について，ヴィゴツキーの研究は理論的に裏づけています。今日のインクルージョンの考えをも包含しているといえるでしょう。そして，第2と第3の意義は，いずれも仲間との協働の中に，ピア・カウンセリングの要素を含んでいます。

　第4には，子どもの発達の年齢的段階論において危機を体系的に位置づけた独創的な理論を展開している点です。すなわち，子どもの誕生から青年期に至るまでの発達を，「危機的年齢の時期」と「安

定期」とが，順次交代する時期区分を構成しました。危機的年齢の時期としては，新生児期，1歳，3歳，7歳，および13歳の各時期の危機に注目し，多くの子どもが教育的困難，人格の内面での不調和や反抗的性格を示す一方，安定期では，発達は緩慢でゆっくりした経過をたどり，周囲が気づかないほどの内部的変化が生じている，というのです。このように人との協働の中で人となり，その発達過程には人とのかかわりを含む危機があると論じているところにヴィゴツキーの発達段階の特徴があり，幼児期の危機への介入には，保育場面における保育カウンセリングへのつながりを読み取ることができます。

没後70余年を経た今日でも，その魅力は衰えず，むしろ注目され評価されてきているのは，ヴィゴツキーの学説には，社会・文化的背景を包含した現代性があるからといえるでしょう。

引用文献
フレーベル, F. A. (1826). 岩崎次男（訳）(1960). 人間の教育　明治図書
フレーベル, F. A. (1844). 荘司雅子（訳）(1976). 母の歌と愛撫の歌　キリスト教保育連盟
フレーベル, F. A. (1986〜1988). フレーベル全集　全5巻　玉川大学出版部
林信二郎 (1986). 現場のためのモンテッソーリ教育の実践　あすなろ書房
倉橋惣三 (1926). 幼稚園雑草　フレーベル館
倉橋惣三 (1934). 幼稚園真諦　フレーベル館
倉橋惣三 (1936). 育ての心　フレーベル館
倉橋惣三 (1954). 子供賛歌　フレーベル館
倉橋惣三 (1965〜1967). 倉橋惣三全集1〜4　フレーベル館
モンテッソーリ, M. (1909). 阿部真美子・白川蓉子（訳）(1973). モンテッソーリ・メソッド　明治図書
モンテッソーリ, M. (1945). 鼓　常良（訳）(1971). 子どもの心　国土社

モンテッソーリ, M.（1948）.林信二郎・石井　仁（訳）(1999).モンテソーリの教育法——子どもの発達と可能性　あすなろ書房
森上史朗（1999）.子どもに生きた人・倉橋惣三——その生涯・思想・保育・教育　フレーベル館
坂元彦太郎（1976）.倉橋惣三　その人と思想　フレーベル新書14
佐伯　胖（編著）(2007).共感——育ち合う保育のなかで　ミネルヴァ書房
諏訪義英（2007）.日本の幼児教育思想と倉橋惣三（新装新版）　新読書社
荘司雅子（1975）.フレーベルの生涯と思想　玉川大学出版部
柴田義松（2006）.ヴィゴツキー入門　子どもの未来社
ヴィゴツキー, L. S.（1926）.柴田義松・宮坂琇子（訳）(2005).教育心理学講義　新読書社
ヴィゴツキー, L. S.（1934）.柴田義松・宮坂琇子（訳）(2001).新版思考と言語　新読書社
ヴィゴツキー, L. S.（1935）.土井捷三・神谷栄司（訳）(2003).「発達の最近接領域」の理論：教授・学習過程における子どもの発達　三学出版

参考文献
飯島婦佐子（1990）.生活をつくる子どもたち——倉橋惣三再考　フレーベル館
神谷栄司（2007）.保育のためにヴィゴツキー理論——新しいアプローチの試み　三学出版

Chapter 4
保育とカウンセリングの実際

1. 教育・開発的カウンセリング

　今求められる保育カウンセリングには2つの方向性があることを示しました。そこで本節では,まず「教育・開発的カウンセリング」アプローチの具体的な内容について述べたいと思います。教育・開発的カウンセリングアプローチの代表が「サイコエジュケーション(心理教育)」と考えます。さらに,保育者のカウンセリング視点の育成としての「自己評価研修」の方法を紹介し,サイコエジュケーションの1つとして活用されている教育アプローチの構成的グループエンカウンターについて紹介したいと思います。

[1] サイコエジュケーション(Psychoeducation)の展開
　1) サイコエジュケーションとは何か　　國分(1998)はサイコエジュケーションを文部科学省が提唱する「心の教育」をカウンセリング心理学で翻訳したものであると言及し,さらに「サイコエジュケーションとは,①集団に対して,②心理学的な考え方や行動の仕方を,③能動的に,④教える方法である」と定義しています。
　2) サイコエジュケーションが必要な訳　　さらに國分(前掲書)はサイコエジュケーションが今必要な理由として,①問題発生

の予防,②健常者の集団対象,③可能性を開発する,④教師の守備範囲の4つあげています。國分は主に学校教育を対象に示した4点についてさらに説明を加えていますが,ここでは保育カウンセリングにおいても共通する観点と考えます。そこで,本書では保育という切り口からこの4つの観点を使い説明していくこととします。

ⅰ）問題発生の予防　学校教育では,いじめ,不登校,校内暴力と深刻な問題が後を絶ちません。しかし,これらの問題の根底には乳幼児期の育ちが大きく関与していることは否めないのです。学校に行ってから問題が顕在化しますが,実際は保育現場でその予兆はみられるのです。予防は早いほうがよいというのが筆者の考えです。幼いうちから人間の基本「人間づくり」さらに人間関係の基本をつくる教育が必要ではないでしょうか。このような取り組みを保育現場でも行えば学校教育で起こっている問題が発生する前に保育の営みの中で予防できるかもしれません。サイコエジュケーションの方法として構成的グループエンカウンターやソーシャルスキルトレーニングなどの教育・訓練方法がありますが,保育内容にも乳幼児が体験しやすい形で取り入れたりするのもいいでしょうし,母親や父親等の養育者や保育者の育成にも役立つものと考えます。

ⅱ）健常者の集団対象　保育カウンセリングの主な対象はすべての乳幼児,保護者（養育者）,保育者,そして幼稚園や保育所といった組織です。つまり,保育の主たる対象は健常者が現実は中心となっているということなのです。現在,発達の問題を抱えた子どもへの対応に幼稚園や保育所でも頭を悩ませています。発達の問題があろうと同じ人間として,だれでも個々に大切に育てられるべきです。しかし,そのような子どもも健常な子どもも社会という枠組みの中で一緒に生きていくことを保障するためには,健常者の心を育てるという視点に立つことも重要な課題となるのではないでしょうか。

1. 教育・開発的カウンセリング

ⅲ）可能性を開発する　　サイコエジュケーションはこれまでのカウンセリングとは識別され，もっとも教育的な営みであるととらえられます。その理由は，今困っている問題を対症療法的に解決するものではなく，その基本となる「心の力」を育て，人間の可能性を広げる取り組みだからです。乳幼児期はあらゆる可能性に満ち溢れています。しかし，この乳幼児の可能性を最大限に引き出すためにも，保護者や保育者の可能性を引き出すことも忘れてはならないでしょう。

ⅳ）保育者の守備範囲　　國分（前掲書）はサイコエジュケーションが必要な理由は臨床心理士に対して教師の専門領域を明示するためであるといっています。保育カウンセリングでも同じことがいえるでしょう。保育カウンセラー制度が現在注目されていますが，臨床心理士のような心理の専門家の力ももちろん必要ですが，保育者または保育の特殊性をいかした積極的なカウンセリングを活用できる人材が日常の保育現場で機能することに本来の姿があると考えるからです。保育現場で，今後もっとも力を発揮するのはサイコエジュケーションではないでしょうか。

3）サイコエジュケーションの目的　　片野（1998）は國分（前掲書）の中でサイコエジュケーションを，育てるカウンセリングの一形態ととらえ，①新しい行動の仕方の学習（行動の教育），②新しい認知（考え方）の学習（思考の教育），③新しい感情体験（感情の教育）の3つの具体的な目標を示しています。そこで行動の教育とは行動の仕方や身の処し方を学習させることが目標であるとしています。コミュニケーションがうまくとれない子どもや親，自分勝手な言動ばかりが目立つ「モンスターペアレント」とよばれる親，連携がうまくとれない保育者と社会性の欠如が危惧される人々が新しい行動の処し方を身につけることは急務です。

思考の教育とは複数の価値観に触れさせ，思考を練ることを目標

にしています。思考は感情や行動を支配する重要な働きをもっています。ステレオタイプという紋切り型の思考がありますが，保育現場でも紋切り型の保育観，子育て観に縛られ，子どもの可能性を理解できずにすぐに叱ってしまい，そのような狭い思考がさらに自分の行動を制限し，結果として，人との関係が築けない親や保育者がいます。思考の幅を広げることはひいては子どもの豊かな発達を支える基本となるのです。このような点からも保育においても思考の教育は必要です。また，子どもにとっても，いろいろな考え方に触れるチャンスを工夫してつくり，学習を促すことは柔軟な思考を育むことにもつながると考えます。

感情の教育は感情体験の幅を広げることを目標にしています。乳幼児期にはその発達過程で，情緒の安定がすべての学習活動の基礎となります。嬉しい，悲しい，悔しい，怒り，感謝，思いやり，いたわりなどのさまざまな感情体験こそ豊かな安定した情緒を育みます。その担い手である親や保育者も豊かな感情体験と豊かな感情表出を身につければ子どもの良きモデルとなります。そのような点からも必要な学習でしょう。

4）サイコエジュケーションを展開するための柱　　片野（1998）はさらにサイコエジュケーションを学校教育で展開するための柱として，①人間関係を育てるために，②グループ（集団）を育てるために，③新しい学力を育成するために，④学校が抱えている重くて難しい問題の抜本的な対策の4つをあげています。これを保育流に翻訳し，保育現場でサイコエジュケーションを展開する柱として紹介しようと思います。

ⅰ）人間関係を育てるために　　保育の営みはまさに人間関係を通して行われるものです。幼稚園教育要領および保育所保育指針では，その中心となる内容を「健康」「環境」「人間関係」「表現」「言葉」の5つの領域で示しています。とくに乳幼児期はこの人間関係の基

礎を培う時期で，とても重要です。そして，この人間関係はさまざまな人との出会いとコミュニケーションによって学習され，その関係が構築されていきます。この人間関係をうまく構築できる技術を「人間関係スキル」といいます。そしてこの人間関係スキルは一般的に，人の話を聞いたり（傾聴技法）や，自分の意見を言ったり（自己主張）といったコミュニケーションスキル（技術）を中心とした，話し上手，聞き上手になるスキルといわれています。一方，この人間関係（対人関係）を円滑にする技術の習得も乳幼児期には重要な発達課題です。この技術をソーシャルスキル（社会的スキル）とよびますが，一般的には人とのつきあい・ふれあいがうまくなる技術です。そしてこのスキルは人間関係スキルと重複しているものも多く，話を聞く，会話を始める・続ける，質問する，謝る，お礼を言うなどがあげられます。話し上手，聞き上手，つきあい上手，ふれあい上手になるためにはサイコエジュケーションが効果的なのです。

ⅱ）集団（グループ）を育てるために　保育現場は集団生活を通して人間関係の基礎を学習する生活の場です。一人ひとりの個々の発達を十分に助長することは保育の当然の目的ではありますが，それとは別に集団生活だからこそ学べることも多いのです。友達とかかわれなかった子どもが，1人，2人とかかわれる友達ができ，みんなで遊んだり，みんなで何かに取り組んだりすることで，より遊びの楽しさや醍醐味を味わうことができるでしょう。そしてこのような，集団を通して人との関係を学ぶことは社会性や道徳性の基礎を培うことにもつながるのです。さらに，グループ（集団）は多くの付加価値をもたらしてくれます。一人の考えでは解決できなかったことでもみんなで考えれば何通りもの考え方が集まり，新しい考え方に触れるきっかけにもなります。考え方だけではなく，新しい感情や新しい行動にも出会えるチャンスを広げるのがグループ体

験で，健全なグループを育てることも保育では重要な課題となります。このようなグループを育てるのに，構成的グループエンカウンターは有効であるといわれています。

ⅲ）遊びと生活を豊かにするために　サイコエジュケーションの目的は思考，行動，感情の教育が目的となりますが，新しい行動を獲得したり，いろいろな感情を体験し感情が豊かになったり，考え方の幅が広がることは，子どもはもちろんのこと保育者や保護者の心を豊かにすることに他なりません。この豊かな心は自分自身への信頼感を深め，興味・関心・態度といった学習への意欲の源にもつながるものと考えられます。

ⅳ）保育の現場が抱えている問題への対応として　今，保育現場はいろいろな課題に直面しています。育児不安，虐待，発達障害など，これまでに考えられなかった問題を抱えながら日々保育者は悪戦苦闘しています。保育者だけではなく，保護者も自分の子育てに迷い，苦しんで，自信すら喪失しています。このような現状を打破するためには，保育者や保護者が自分の生きがいを発見したり，自分の子育てや保育に自信をもてるように人間として成長していくことが望まれます。そのような人間の成長に大きく寄与するのがサイコエジュケーションといえるでしょう。まさに，病気になる前に強くて，しなやかな心を育むためにサイコエジュケーションを活用しようとするものです。

[2] 保育カンファレンス（ビデオ自己評価法）

1) ビデオ自己評価法

ⅰ）保育者の資質向上とカウンセリングマインド　平成2年の幼稚園教育要領および保育所保育指針の改定を機に，「保育者主導」の保育から「子ども主体」の保育へと移行し，子どもの自発的な遊びを援助する環境としての保育者の資質が重視されるようになりま

した。そして保育者の内面的資質として「カウンセリングマインド」が注目され，平成5年に文部省は「保育技術専門講座資料」を呈示し，その育成がスタートし，保育の世界で「カウンセリング」という言葉が正式に使われるようになりました。

このカウンセリングマインドとはカウンセリングにおけるカウンセラーのクライエントに対する基本態度として求められる「共感性」「受容性」「非審判性」などを教育的な態度としてとらえたものと考えられ，氏原・東山（1995）は「やさしさ，思いやり，強さ」という言葉で表現しています。

この「カウンセリングマインド」の育成について「保育技術専門講座資料」では，ビデオによる学習教材を紹介しています。そこで，冨田・田上（1998）はこのビデオによる学習方法を保育現場に取り入れ，保育者の保育の振り返りを「自己評価」で行うという「ビデオ自己評価法」という研修方法を開発しました。

ⅱ）ビデオ自己評価法の目的

ビデオ自己評価法の目的は以下の4点です。

①カウンセリングマインドの育成

②自己評価による自己理解の促進

③援助の質的な向上（援助スキルの向上）

④子ども理解の促進

これまでの幼稚園教員研修は，保育技術（ピアノ，歌，遊戯，手遊び等）の向上を目指した研修会や保育内容の検討としての事例検討会などが中心で，保育者の内面に着目し，日常の保育を継続的に検討し，援助行動を基本的な行動レベルで検討するような研修はほとんど皆無でした。そこで，日常の保育場面をビデオに録画して，「笑顔で接する」「見守る」「一緒に遊ぶ」といった具体的な援助行動について自己評価し，自己の援助を向上させるという研修プログラムを開発することになったのです。ビデオを使用した理由は，坂

越・竹田・田中（1987）の研究で自分自身への気づき（自己理解）をビデオは促進するという研究結果から，カウンセリングマインドの育成，自分自身の気づきの促進には有効であると考えたためです。

このビデオ自己評価法は行動療法の理論からそのヒントを得たものです。援助行動に着目し，その援助行動を援助スキルチェック・リストという行動目録を用いて，自己評価し，繰り返し見るなかで自己強化を促し，自己理解を促進し，さらに自己を振り返る力，セルフモニタリングの力も向上させようとするものです。ビデオ自己評価法による成長モデルについては後述します。

ⅲ）ビデオ自己評価法研修の流れ

①研修対象保育者の保育場面を10分間（基本）ビデオに録画します。

②撮影された録画ビデオ（以下 VTR とする）を研修対象保育者が当日または翌日視聴します。視聴場所は，じっくりビデオを見て自己の援助を振り返るため個室が望ましいでしょう。施設の都合で自宅に VTR を持ち帰り視聴するという方法も可能です。

③ VTR 視聴後，援助行動目録（援助スキルチェック・リスト：表 4-1 参照）を使い VTR の中でどれくらいその援助スキルが使われていたか自己評価します。

④自己の援助について良かった点，改善したい点について自由記述します。

⑤翌日または数日後，研修担当者と援助スキルチェック・リストと自由記述を用いて面談を行います。面談の主な内容は，研修を受けた保育者が自己評価した援助スキルを確認し，「良かった」と評価した内容を中心に同意をする（社会的強化子与える）という方法で行います。

ⅳ）ビデオ自己評価法研修の対象　　冨田・田上（1999）がビデオ

自己評価法研修を開発した当時は幼稚園教員が主な対象でした。ビデオ自己評価法が開発され10余年になりますが，行動をビデオで自己評価する方法なので利用者の幅は広いでしょう。

　実施可能な対象
　　・保育者（幼稚園教員・保育士）
　　・保護者（子どもとのかかわりをチェック）
　　・教師（指導スキル・授業スキルなど）
　　・カウンセラー
　　・子育てアドバイザーなどの支援活動者
　　・企業人（スキルトレーニング）
　　・学生（プレゼンテーションスキル）

ⅴ）撮影場面・撮影時間

　撮影場面　　開発当時は幼稚園教員の援助スキルの向上と研修効果の測定を研究として検討することが目的であったため「子どもと一緒に自由に遊びを展開している場面」と撮影場面を限定していました。実際の研修では撮影場面は検討したい内容によって場面設定することが望まれます。ただし，あまりいろいろな場面を撮影すると，検討する焦点が分散してしまいます。保育の場合できれば戸外あそび，昼食の様子，室内遊び，親子で遊んでいる場面など少し限定した方が検討しやすいと考えます。

　撮影時間　　定期的に自己を振り返る継続研修という位置づけのため基本を10分としています。研修対象保育者の負担を少しでも軽減するという配慮でもあります。しかし，検討したい内容によっては，年に1回程度，自己評価研修として利用する場合や，子どもの発達とその援助を検討する場合などその目的に合わせ，負担にならない録画時間を検討するとよいでしょう。

ⅵ）手続きおよび回数

　回数　　冨田・田上（1999）の研究ではセッション2（研修2

Chapter 4 保育とカウンセリングの実際

回目)からセッション3(研修3回目)にかけて援助スキル(援助行動)が増え,研修の効果が現われ始める時期と考えられています。本書では2週間または1ヶ月に1回の研修を最低3回継続することを推奨したいと思います。回数が増えれば増えるほど援助の質も量も変化するという結果も得られていますが,現場の裁量で回数は決めることが望ましいでしょう。

　手続き(具体的な研修の進め方)　保育者に研修の目的や撮影の手順,自己評価の方法等の「研修説明」を行います。研修内容を理解してもらったうえでその研修に参加するかどうかの研修実施者と研修対象保育者が事前にしっかりと「契約」をします。これはカウンセリングにおける「治療契約」にあたります。同じ目線でその作業(カウンセリング)に向かうことが前提条件であり効果にも影響を及ぼすからです。自己の専門性を磨くために行う研修であるといったことをしっかり認識して実施しないと,かえって自己評価が低下し,保育の専門性の育成にもなりません。

　援助スキルチェック・リスト　援助スキルチェック・リストは保育のVTRを視聴した後に自分の保育を振り返るための指標となる保育行動がどれくらい達成できているかをチェックできる目録です(表4-1)。この援助スキルチェック・リストは現場の保育者に主な保育場面を「子ども同士の遊びを広げる場面」「子どもとの関係作りを行う場面」「子どものトラブルやこまった場面への対処」を提示して,どのような援助を行うかといった自由記述式のアンケートを実施し,さらに,その記述内容を保育行動レベルで整理して作成されたものです。この保育行動目録は子どもを援助する目的で行っているという点から「援助スキル」とよび,その項目の構成は「かかわりに関する援助」14項目,「遊びに関する援助」14項目,「トラブルの処理に関する援助」12項目,計40項目の援助スキルから構成されています。

1. 教育・開発的カウンセリング

表4-1 援助スキル・チェックリスト（援助スキル自己評価表）

	よくやっている	ややよくやっている	あまりやっていない	やっていない		よくやっている	ややよくやっている	あまりやっていない	やっていない
1. 手をとる	1	2	3	4	21. 場面を設定する	1	2	3	4
2. そばに居る	1	2	3	4	22. 気持ちを聞く	1	2	3	4
3. 遊びを紹介する	1	2	3	4	23. 一緒に考える	1	2	3	4
4. 抱っこする	1	2	3	4	24. 仲裁に入る	1	2	3	4
5. ヒントをいう	1	2	3	4	25. 目を合わせる	1	2	3	4
6. 気持ちを代弁する	1	2	3	4	26. 考えさせる	1	2	3	4
7. ふざける	1	2	3	4	27. 遊具等を用意する	1	2	3	4
8. 声を掛ける	1	2	3	4	28. 手を貸す	1	2	3	4
9. 見守る	1	2	3	4	29. 一緒に遊ぶ	1	2	3	4
10. 頭や頬をさわる	1	2	3	4	30. 励ます	1	2	3	4
11. 友達の中に誘う	1	2	3	4	31. 意見を聞く	1	2	3	4
12. うなずく	1	2	3	4	32. 教える（助言）	1	2	3	4
13. 笑顔で接する	1	2	3	4	33. ほめる	1	2	3	4
14. 橋渡しをする	1	2	3	4	34. 会話する	1	2	3	4
15. 様子を観察する	1	2	3	4	35. 頼む（手伝い）	1	2	3	4
16. 話し掛ける	1	2	3	4	36. 見せる（提示）	1	2	3	4
17. 材料を用意する	1	2	3	4	37. 要求を聞き入れる	1	2	3	4
18. みんなに伝える	1	2	3	4	38. 行動を促す	1	2	3	4
19. 気持ちを言う	1	2	3	4	39. 一緒に楽しむ，遊ぶ	1	2	3	4
20. 考えを言う	1	2	3	4	40. なだめる	1	2	3	4

ⅶ）ビデオ自己評価法による期待される効果　冨田・田上（1999）の研究で明らかにされた効果を以下にまとめて示します。

　援助スキルの量が増えた（出現頻度の増加）　保育者が研修に使用した保育VTRを2分ごとに区切り，チェックされた援助スキルが実際，何回出現したかチェックし，2分×5回（10分）に出現した回数を合計して，その変化を検討しました。その結果，研修を受けた6名の保育者全員の援助スキルの頻度が増加（スキル

の量が増えた）という結果を得ています。

　援助スキルの種類によって増え方が違う　援助スキルごとの変化では，その種類によってその増え方が違うことが明らかになっています。もっともよく変化した援助スキルは「うなずく」「目を合わせる」「笑顔で接する」などで，いずれも子どもとの距離をおきながら遊びや生活を支援するといった援助スキルでした。次いで「声を掛ける」「話し掛ける」といった保育者から積極的に働きかける援助スキルの頻度が増加し，「場面を設定する」「みんなに伝える」といった間接的な援助スキルはあまり変化しませんでした。また，担当児の年齢（担当クラス）によっても変化する援助スキルの種類が違い，子どもとの信頼関係を築くことが求められる年少組や年中組の担任は「声を掛ける」「話し掛ける」といったコミュニケーションの基本となる援助スキルが変化し，年長組の担任は「行動を促す」「ヒントをいう」といった指導的な要素を含む援助スキルが変化しました。

　研修を継続するとさらに援助スキルの頻度が増える　1年間，ビデオ自己評価法を使った研修をした保育者を対象にさらに1年間研修を継続実施した結果，1年目の研修終了時よりもさらに直線的に援助スキルの頻度が増加する傾向がみられました。

　自己一致傾向が高まる　研修対象保育者の理想自己と現実自己についてSD法（形容詞対を用いてイメージを測定する方法）を用いてその変化を測定しました。変化過程をとらえるために，保育者の現実自己・理想自己の因子構造を検討した結果，「力強さ因子」「たおやかさ因子」「陽気さ因子」「真面目さ因子」の4因子が抽出されました。因子ごとに研修対象保育者別得点の推移をさらに検討した結果，自己を低く見積もっていた保育者は自己の良さを発見し，現実自己の得点が上昇し，理想自己を高く見積もっていた保育者はその得点が下降し，いずれも自己一致傾向が

高まっていました。

ビデオ自己評価法には個人の心理的な側面が関与している　研修対象保育者のビデオ撮影に対する抵抗感と研修に臨む達成動機，認知的な側面としての原因帰属傾向等の心理的な側面と研修の効果を検討した結果，抵抗感の大きさ，達成動機の高さが研修の効果に影響を及ぼすことが明らかにされています。

以下にビデオ自己評価法による保育者の成長モデル（図4-1）を示します。

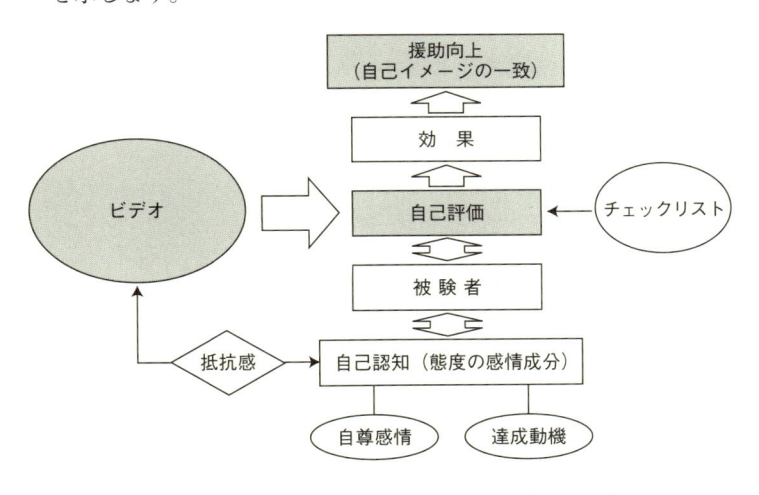

図4-1　ビデオ自己評価法による援助向上モデル（試案）

2）ビデオ保育カンファレンス

ⅰ）保育カンファレンスからビデオ保育カンファレンスへ　保育カンファレンスとは，保育現場における子どもへの援助について専門家が意見を交換し，よりよい保育の方向性，具体的には援助のあり方を検討する場です。森上（1995）は保育カンファレンスの意義を強調し，またそれを契機に研究が盛んに行われるようになったよう

です（平山, 1995; 田中ら, 1996）。筆者もビデオ自己評価法研修を実施した後，保育者同士の育ちに着目し，ビデオ自己評価法を活用したビデオ保育カンファレンスを実施しています。

ⅱ）ビデオ保育カンファレンスの目的

ビデオ保育カンファレンスの目的は以下の3点です。

①保育者の力量を高める（専門性の獲得）。

②保育現場における問題を保育者同士が共有し，共に解決する（協働，連携力の育成）。

③一人ひとりの子どもの発達を理解し，個々のニーズにあった保育を実現する（発達的視点の獲得，子ども理解の深まり）。

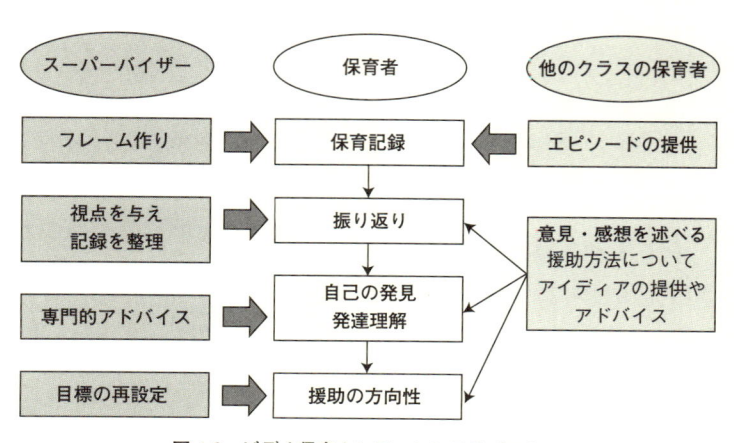

ⅲ）ビデオ保育カンファレンスのプロセス　ビデオ保育カンファレンスのプロセスを図4-2に示します。ここではビデオ保育カンファレンスに外部から「スーパーバイザー」という立場で保育カウンセラーがカンファレンスに参加しています。

保育カウンセラーは保育者の保育への振り返りを支援し，保育者同士が問題を共有できるような示唆を与えたり，発達などの問題に

図4-2　ビデオ保育カンファレンスのプロセス

は，具体的な対処方法などをアドバイス（スーパービジョン）したり「コンサルテーター」「ファシリテーター」「スーパーバイザー」といった幾つかの役割を担い進めています。スーパーバイザーを置かない保育者だけのカンファレンスも可能ですが第三者が立ち会うことでカンファレンスの客観性を保障する役割を果たしている点もあります。

ⅳ）ビデオ保育カンファレンスの対象とその方法

子どもの発達に焦点を当てる

〈対象〉

・発達に問題を抱えている乳幼児（発達障害が疑われる場合）。
・発達途上で何らかの問題を抱えている乳幼児（指しゃぶり，友達とコミュニケーションがうまくとれない，けんかが多い，言葉の発達がゆっくり，暴力が目立つなど）。

〈進め方〉

・気になる場面を中心に対象児の VTR を撮影します（撮影時間は 10 分から 30 分以内）。
・撮影者は担任以外で，クラスの状況などを理解できる人にします（副担任または主任などが望ましい）。
・保育場面 VTR を保育者全員で視聴します。
・保育者各人がその場面から発見できた子どもの姿を語ります（場面に現れた子どもの行動とその意味，そのときの感情など）。
・保育者各人がその場面で読み取れた子どもの行動の意味や，感情についてどのような援助ができるのかといった援助方法について述べます。
・園長や保育カウンセラーがまとめをします。

まとめは保育者から出た意見を要約し，今後，取り組みやすい課題をいくつか抽出します。また，今後どのようにその援助を行

っていけるかといった、援助内容、保育者の連携方法、物的環境への働きかけなど総合的な視点から方向性を保育者が探れるようなまとめをします。スーパーバイザーは必要に応じて、保護者との面談、他機関との連携といった周辺の環境調整についても行います。

〈スーパーバイザー（保育カウンセラー）の位置づけ（図4-3）〉

図4-3はY君の発達について定期的に実施されたビデオ保育カンファレンスにおけるスーパーバイザーの位置づけを示したものです。保育現場では子ども・保護者・保育者・園長（責任者）といった4つの人的資源がその中核を成し、この人的資源の関係が保育のすべてで、その保育の中核を外から支えるのがスーパーバイザーといえます。

〈留意点〉

・他のクラスの担任や園長といった直接その子どもの援助に携わっていない人から子どものカンファレンスをもちかけることは避けます。担当保育者自身がその保育場面VTRの撮影

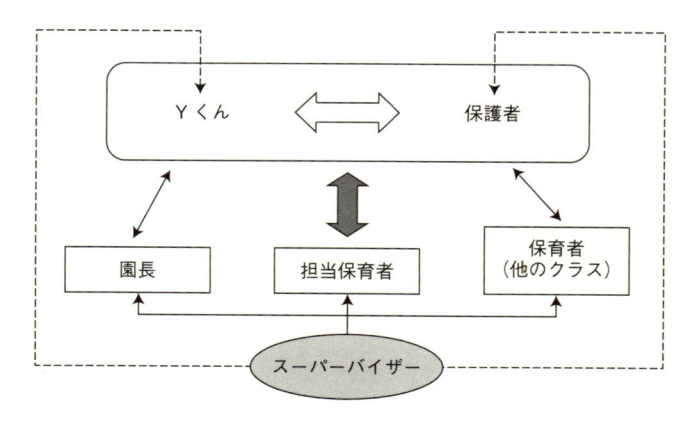

図4-3　スーパーバイザーの位置づけ

を望まない場合，本当の意味での話し合いができないからです。
・撮影する保育場面は「子ども理解」の目的で実施する場合，子どもの動きや表情が読み取りやすいようにその子どもとそれにかかわる子ども達を中心に撮影します。発達全般が気になる場合は遊びの様子，食事，着替え，排泄といくつかの場面を分け撮影し，場面ごとに検討すると効果的でしょう。
・けんかが多いなど場面が限定されている場合チャンスを逃さないようにビデオカメラはいつでも使えるように準備しておきます。

保育者の援助に焦点を当てる

〈対象と目的〉
・保育経験が浅い新人保育者の資質向上
・ベテラン保育者の保育の振り返り
・保育者同士の連携のための援助方向を探る（目線を合わせる）

〈進め方〉
・気になる場面を中心に対象保育者，または対象保育場面のVTRを撮影します。
・撮影者は対象保育者と連携ないしは信頼関係のある保育者が望ましいでしょう（同僚や副担任などが望ましい）。
・保育場面VTRを複数の保育者で視聴します。
・対象保育者がその場面から発見できた点についてコメントを言います。
・次にカンファレンス参加保育者がその場面から発見できた援助の良いところ，改善点などについてコメントを言います。
・スーパーバイザーがまとめをします。

まとめは，子ども理解のときと同様，援助について何が良かっ

たのか,なぜ改善が必要なのかといった問題についてコメントをします。子どもにとっての援助のあり方という点を強調するように心がけます。

※スーパーバイザーの位置づけ(前掲と同様。p.148 参照)

〈留意点〉

・初めて取り入れる場合,保育者の抵抗感も大きくモチベーションを下げる場合もあるため,子ども理解といった切り口から取り入れる方が効果的でしょう。

・研修の人数は,少人数で検討するところから始め,次第にグループサイズを大きくすることが肝要です。

・必ず,スーパーバイザーまたはそれに代わる第三者がカンファレンスには参加することが望ましいでしょう。その理由は私的な会話や馴れ合い,焦点のズレを防止し,健全で客観的な生産性の高いカンファレンスが達成できるからです。

ⅴ)ビデオ保育カンファレンスの効果　　ビデオ保育カンファレンスをすでに実施している保育者 25 名にアンケートで「ビデオ保育カンファレンスは役に立ったでしょうか」と尋ねたところ 25 名全員が「役立った」と回答しており,自由記述でも「ビデオへの抵抗感はあったが,保育を振り返る良い機会となった」「ビデオを見て自分なりに頑張って保育していることが確認できた」など,「振り返り」「確認」といった収穫があったことが示されています。さらに,役立った点については「自分の援助の実態がビデオで客観的に理解できた」といった項目に 80％の保育者が○をつけていました。また,「子どもの発達の姿が捉えられた」が 68％,「子どもの発達に即した援助のヒントを得ることができた」が 64％と援助への理解と子どもの発達の理解といった両側面から保育を検討できることが確認されています。

[3] グループカウンセリング(構成的グループエンカウンター)

　グループカウンセリングのアプローチで代表的なのが構成的グループエンカウンターです (Structured Group Encounter：SGE*)。
　1970年代後半，國分康孝・國分久子がアメリカから帰国後，日本において提唱，実践し始めたカウンセリングのグループアプローチです。当初は主に大学生のグループワークとして3泊4日で実施されていたものです。以下に構成的グループエンカウンターの具体的な意味について紹介しましょう。なお，とくに引用文献で示してある個所以外は，國分康孝・國分久子・片野智治の講義・コメントなどから学んだものです。
　Structured：構成という意味。グループ活動による心的外傷を未然に防ぐ目的で場所，人数，内容，時間といった「枠」を設けることを意味しています。
　Group：2人以上の集団を対象にします。
　Encounter：エンカウンターは邦訳では「出会い」を意味します。
　この構成的グループエンカウンターは教育的・開発的カウンセリングの方法として，現在は小学校から大学の教育内容として取り入れられ，教育に携わる人たちのカウンセリング研修でも，カウンセラー育成講座の内容としても取り入れられています。本書で取り上げる理由は，子育て不安を抱えた孤独感の強い母親や父親を支えるため，保育者がより良い連携ができるため，保育の中で子ども達の心を育てる保育内容として積極的に活用していただきたいと考えたからです。

1）構成的グループエンカウンターの定義
　①人間的成長のための集中的グループ体験である。

---
* 現在 SGE は特定非営利活動法人日本教育カウンセラー協会(会長國分康孝)によって商標登録されています。

②育てるカウンセリングの一形態である。

③ふれあいと自己発見の教育指導である。

以上のように構成的グループエンカウンターではグループの機能をいかし，ふれあうことそのものを目的とし，そのふれあい体験を通して自己理解，さらには他者理解を促進する目的で行われる教育的・開発的カウンセリングです。

2）構成的グループエンカウンターの原理　構成的グループエンカウンターの原理は以下の3点です。

ⅰ）**ホンネの原理**　ホンネを知る，ホンネを表現する，ホンネを主張する，他者のホンネを受け入れる。

ⅱ）**構成の原理**　エクササイズ（内容），時間，グループサイズ，条件の設定＝枠組みをつくる。

ⅲ）**グループの機能（シェアリング）**　認知の拡大・修正，気づきと洞察の機会，模倣の促進，欲求不満耐性をつくる。

3）構成的グループエンカウンターの種類

ⅰ）**ジェネリック構成的グループエンカウンター**　構成的グループエンカウンターの基本で参加メンバーの「行動変容」とくに人間的な成長を目的として構成される集中グループ体験で，参加メンバーは2泊3日や3泊4日などの合宿で文化的孤島の条件の中で行われ，個人の内面に迫るエクササイズが展開され，教育分析的な効果も期待されています。

ⅱ）**スペシフィック構成的グループエンカウンター**　学習場面や子育て支援といった場面でその集団の育成に必要な内容をジェネリック構成的グループエンカウンターの内容をアレンジして実施される構成的グループエンカウンターを指します。ジェネリックのように内面をゆさぶるようなエクササイズは行わず，教育目標を達成したり，そのグループが必要とする支援が達成されたりするような内容で構成されています。詳細は表4-2を参照してください。

表 4-2 ジェネリックとスペシフィックエンカウンターの比較

	ジェネリック	スペシフィック
目的	●行動変容 (究極的には人間的な成長)	●単元目標や本時の授業目標の達成 ●当該研修の目標の達成
目標	感情を伴う気づき ●ふれあいと自他発見 自己発見 ◄─────────────► 他者発見 自己洞察・教育分析(自己分析)	
原理	●ホンネに気づく,ホンネの表現・主張・他者のホンネの受容 ●エクササイズを介しての自己開示,自己開示を介してのリレーション形成,シェアリング	
対象	●健常な成人 (自己啓発や自己変革を望む人) ●未知集団	●児童生徒,学生,企業人 ●既知集団
場面設定	●文化的孤島 〈設定理由〉 ・Courage to be. ・Being is choosing. ・I am what I want to be.	●カリキュラムに対応 ・授業,道徳,学活(学級) ・行事,集会など(学年・学校) ・その他(委員会,クラブ,同好会,部活,リーダー研修会) ●研修会あるいはワークショップ
展開の仕方	●エクササイズによる構成	
	集中的 ◄─────────────► 計画的・非集中的 (2泊3日,3泊4日) (断続的・継続的)	
エクササイズの種類	自己理解,他者理解,自己受容 自己表現・自己主張,感受性の促進,信頼体験	
エクササイズの哲学的理論的技法的背景	実存主義・プラグマティズム・論理実証主義・ゲシュタルト療法 その他の主要なカウンセリング理論	

國分康孝・國分久子総編集 片野智治編集代表『構成的グループエンカウンター事典』(2004)
図書文化社「ジェネリックとスペシフィック(おもに学校教育)対照表」の一部を転載。

4）構成的グループエンカウンターにおける考え方　構成的グループエンカウンターにはいくつかのカウンセリングの考え方がいかされています。その代表的な考え方（思想）が実存主義で，以下の3点が構成的グループエンカウンターを実施するうえで，基本となる考え方として取り上げられています。

①相手の世界に入る（One Ness：ワンネス）。

②私はあなたの味方です（We Ness：ウィネス）。

③私には私の考えがある（I Ness：アイネス）。すなわち，自己主張（アサーション）や対決（コンフロンテーション）をすることを意味します。

5）構成的グループエンカウンターにおける自己開示とは　自己開示とはその文字の示すとおり，自己を開き示すことで，構成的グループエンカウンターの目的でもある自己理解や他者理解を促進するために必要な「ホンネを語る」ことに相当します。そして，そのホンネも「今ここでの気持ちを語る」ことに重きをおいていて，その人の受け取りの世界を大切にするといった「現象学」の影響を強く受けています。

具体的には以下の3点とされています。

①自分に関する事実を話す

②自分の感情を話す

③自分の価値観・考え方を話す

6）構成的グループエンカウンターの進め方

ⅰ）**人的構成**　構成的グループエンカウンターは「リーダー」「サブリーダー」「メンバー」から構成されます。基本としてリーダーは1人，サブリーダーも1人ですが，その状況に応じて「カウンセラー」といった役割をおいて実施する場合もあります。

ⅱ）**セッションの流れ**　構成的グループエンカウンターのセッション基本は「インストラクション・デモンストレーション」「エ

クササイズ」「シェアリング」の3つで構成されています。

〈インストラクション・デモンストレーション〉　インストラクションとはリーダーが導入としてメンバーに実施する「エクササイズ」について，そのねらい（目的）や内容，進め方，進めるうえでの留意点などの説明を行うことです。また，必要に応じて，サブリーダーと一緒にまたはリーダーだけで見本を言語・非言語を使いメンバーに提示しますがこれをデモンストレーションといいます。インストラクションやデモンストレーションは構成的グループエンカウンターへのレディネスやモチベーションをつくるために実施されます。

本格的なエクササイズに入る前にウオーミングアップとして関係づくりができるショートエクササイズを行うことがあります。

〈エクササイズ〉　エクササイズとは実際に行う演習を指します。「思考」「感情」「行動」に刺激を与える課題を人数，場所，時間，内容を構成して展開させることです。國分（1981）によればこのエクササイズには6つのねらいがあります。

①自己理解
②自己受容
③自己表現（自己主張）
④感受性
⑤信頼体験
⑥役割遂行

〈シェアリング〉　エクササイズを通して，感じたこと気づいたことを振り返り，伝えあい，「今ここでの思い」を共有し，分かち合う場を指します。

〈インターベンション（介入）〉　リーダーがエクササイズ進行中やシェアリングの過程で，メンバーの行動（発言や態度など）が外れたり，心的外傷のおそれがあると感じられた時に，メン

表4-3 6つのねらいと行動変容の3つのボタンのマトリックス

	自己理解	自己受容	自己表現・主張	感受性	信頼体験	役割遂行
感情	・簡便内観	・私は私が好きです。なぜならば… ・ライフライン	・私のお願いを聞いて	・みじめな体験（聞く側）	・別れの花束 ・私が全能の神ならば，あなたに…をあげたい	・受容と拒否
思考	・人生時計（第二部） ・それでどうしたいのですか。 ・そうすることにどんな意味がありますか。	・みんなちがってみんないい（じゃがいも）	・ペンネームの展覧会 ・ペンネームの由来 ・私は人と違います。なぜならば… ・自己概念カード		・私はあなたが好きです。なぜならば…	
行動	・金魚鉢 ・エンプティ・チェア	・臨終体験 ・墓碑銘 ・未完の行為の完成	・アニマルプレイ ・紙つぶて ・新聞紙の使い途	・人生時計（第一部） ・傾聴訓練	・ブラインドウォーク ・信頼の後倒 ・信頼の壁 ・天国への旅	・ワークショップにおける諸係の活動

國分康孝・片野智治『構成的グループ・エンカウンターの原理と進め方：リーダーのためのガイド』誠信書房, p.123 より転載。

バー間に割り込み，中断したり，意見を述べたり，仲裁したりと指導を行います。このインターベンションは必要に応じてリーダーの裁量で行われます。

ⅲ）ルールの設定　構成的グループエンカウンターは「構成する」ことでグループワークを進めるため，その進め方にルールを設定する必要があります。とくに重要とされているルールを紹介します。

守秘義務　ホンネとホンネのふれあいによる自己理解・他者理解がその目的であるため，エクササイズを進めるなかで個人情報や個人的な出来事が語られる場合も少なくありません。したが

って，構成的グループエンカウンターが実施されている場面を「文化的孤島」と位置づけ個人情報を守る，カウンセリングでいう守秘義務が最も重要なルールとなります。

パスする権利　自己開示とは自ら行うもので強要されるものではありません。メンバーに無理に自己開示させたり，リーダーが無理に自己開示したりすることはカウンセリングという視点からも矛盾します。「どうしても話したくないことは話さない」「どうしても参加したくない時は参加しない」といった個人の人権を尊重する立場を明確にするために，「パスする権利」を設けているのです。

7) 構成的グループエンカウンターの実際　代表的なエクササイズを参考までに示します。

ペンネーム作り，自由歩行，いろいろ握手，アウチ，バースデーライン，質問じゃんけん，他者紹介，二者択一，将来願望，忘れえぬ人，私の好きな動物，新聞紙の使い道，共同絵画，トラストウォーク，天国への旅行，別れの花束など。主な内容とねらいについては表4-3に示します。

8) 構成的グループエンカウンターの実施上の留意点　構成的グループエンカウンターを計画し進めるうえで，以下の留意点を参考に指導計画を立てることが望ましいでしょう。

①面白くてためになる
②理論にかなっている
③心に傷を与えない
④抵抗の予防と対応をする
⑤リーダーから自己開示をする
⑥シェアリングの重視とその進め方を工夫する
⑦簡単なものから難しいものへ段階を追って進める
⑧ゲーム感覚で行わない

⑨非日常性の演出をする
⑩飽きがこない工夫をする

9）構成的グループエンカウンターのリーダー

リーダーの在りかたとして，以下の4点があげられています。
①人生に対して肯定的であること
②人に対して無条件の信頼感がもてること
③人に語れる哲学・生き方をもっていること
④自分の感情をセルフコントロールできること

リーダーの条件として以下の4点があげられています。
①自己開示能力
②自己主張能力
③カウンセリング理論の理解
④実存哲学の理解

10）構成的グループエンカウンターの保育への活用

ⅰ）**保育内容にいかす**　幼稚園教育要領・保育所保育指針では保育内容が「健康」「環境」「人間関係」「表現」「言葉」の5つの領域で示されています。この領域は平成2年から新しく取り入れられたものですが，これまでの保育内容が一新され「環境」と「人間関係」が強調されました。まさに構成的グループエンカウンターがねらっている「ふれあい体験」はこの2つの領域と密接に関連するものです。

　人とのかかわりそのものが人的環境であり，その人的環境をつないでいくことの基礎を乳幼児期に学ぶのであり，構成的グループエンカウンターの果たす役割は大きいと考えます。しかし，構成的グループエンカウンターは乳幼児のためのグループワークとして開発されたものではありません。したがって，保育内容に活用するためには保育者の知恵が求められます。保育の営み「子どもの目線にたち，子どもの主体的な発達を支援する」ことはカウンセリングの目

指す支援と同じ立場なのです。保育内容に取り入れる構成的グループエンカウンターはこれまでの保育内容，遊びを大いにいかすことからはじめていただきたいのです。

　保育内容にいかす場面

　　日常の保育で…朝の集まり，帰りの会，グループ活動，集団あそび，絵本の読み聞かせ

　　行事の中で…お泊り保育，保育参観などふれあいを目的とする行事

　　その他…登園しぶり，けんかの仲裁，物の取り合いなどのトラブルや困った状況を子ども達と一緒に考える場として

ⅱ）**保護者を育てる**　　子育てに何らかの不安を抱いている母親は非常に多いでしょう。鈴木（2007）は親の抱える家族の課題や不安を情報過多による不安，孤独からくる不安，難しい課題に立ち向かえない親の社会への依存性，自分の生活と子育てを両立できない自己中心性，親の子どもとの分離不安，経済的不安などをあげ，保護者の心の教育が必要なことを強調しています。また，幼稚園教育要領や保育所保育指針でもこのような家庭の現状を少しでも解決すべく「子育て支援」の場としての保育施設の役割が言及されています。このような社会のニーズに構成的グループエンカウンターは有効です。

　保護者を育てる場面

　　入園式（新しい出会い）…自己紹介，リレーションづくり

　　保育参観…親子の関係づくり（スキンシップの体験など）

　　保護者会・PTA活動…子育ての仲間づくり

　　（自分のホンネを知る：自己覚知，他者のホンネを知る，役割遂行）

ⅲ）**保育者を育てる**　　平成2年の幼稚園教育要領および保育所保育指針改定を機に保育の主体は子どもであり，その子どもの主体

的な経験を人的環境として援助する役割を担うのが保育者であるという保育観の転換が行われました。そして，子どもの発達のもっとも重要な支援者である保育者の資質向上が重要な課題として強調されるようになりました。

近年，子育て不安をもつ母親や養育者への支援，発達に問題を抱えた子どもへの支援，虐待防止への対応などなど多くの役割を担うようになり，保育者の負担も大きくなっています。このような負担にも耐えうる「しなやかなたくましい心」をもった保育者の育成が必要になってきたのです。また，保育者自身が自己の保育を振り返り，さらに保育内容を充実させるために保育者の自己評価が重視されています。自己を振り返る基本的態度の育成には構成的グループエンカウンターは有効です。また，多くの役割をひとりで抱えず，保育者が役割をじょうずに分担し，協力するという連携力育成にも構成的グループエンカウンターを体験することは，相手をホンネレベルで理解でき有効な教育方法と考えます。

　　保育者を育てる場面
保育者研修…園内研修会・園外研修会。

2. 援助的・治療的カウンセリング

保育カウンセリングのもう1つの方向性が「援助的・治療的カウンセリング」アプローチです。保育現場ではいまさまざまな問題を抱えた子ども達が集団で生活しています。幼稚園教育要領や保育所保育指針においても障害を抱えた子どもへの保育についてはとくに詳細のその留意点をあげています。保育カウンセリングにおいても発達障害はもとより，さまざまな障害を抱えている子ども達も同じように保育を受ける権利を有しています。このような子ども達を理解し，より良い保育を目指すためにも専門性が必要となります。そ

こで本節では発達相談を中心に保育カウンセリングに必要な内容について紹介しようと思います。

[1] 発達援助・発達相談とは

発達援助あるいは発達相談の一般的定義はありませんが、あえていうならば、発達の問題を抱えた子どもや保護者に対して、その解決が得られるように専門的に援助することとです。

さて、医学の世界では、予防が「疾病の発生そのものを防ぐ1次予防」「発症後の長期化や悪化を防ぐ2次予防」そして「再発を防ぐ3次予防」によって構成されていますが、この医学における予防のレベルが発達援助あるいは発達相談においても同様に用いることができます（図4-4参照）。

1）1次的発達援助（開発的カウンセリング）　すべての子どもを対象にし、子どもの発達や能力の可能性を最大限に伸ばそうとする「発達促進的援助」と、子どもが直面しやすい問題を予測して行う「予防的援助」の2つがあります。

例：ルールの習得，基本的生活習慣の自立，夜尿や指しゃぶりの

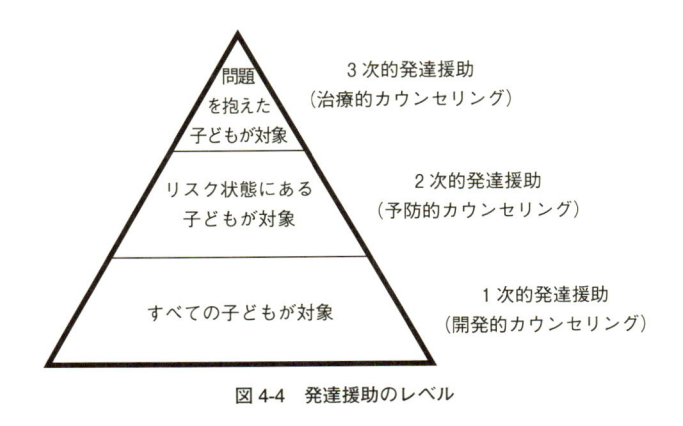

図4-4　発達援助のレベル

問題などへの援助

　2）2次的発達援助（予防的カウンセリング）　　発達していくことに困難をかかえた子どもや問題をもちそうな子どもへの援助です。この2次的発達援助は，できるだけ早期に問題を発見し，早急に対処することで問題を小さいうちに改善しようとする援助になります。

　例：登園しぶり，言葉の遅れ，集団不適応などへの援助

　3）3次的発達援助（治療的カウンセリング）　　再発を予防したり，何らかの問題を抱えた子どもが，自身の問題に対処し集団に適応できるように援助することです。

　例：発達障害，児童虐待，登園拒否などへの援助

　保育者（保育士・幼稚園教諭）は，保育・幼児教育の専門家であり，主に開発的カウンセリング（1次的発達援助）と予防的カウンセリング（2次的発達援助）を通して，発達援助や発達相談を行います。一方，巡回相談員や保育カウンセラーなどは，心理学・障害学・特別支援教育などの専門家として，予防的カウンセリング（2次的発達援助）や治療的カウンセリング（3次的発達援助）を主に行います。

　1次的あるいは2次的発達援助を行うためには，子どもの発達段階における特徴を理解することが求められます（本節の第2項を参照）。また，2次的あるいは3次的発達援助を行うためには，個々の状態に応じたきめ細かな援助が必要になるため，子どもの発達段階における特徴に加えて，問題や障害の状態等を正確に把握・理解することが要求されます（本節の第2～第4項を参照）。

[2] 子どもの発達への理解と援助

　1）発達のとらえ方　　子どもは，出生から3歳までの間に，著しい成長・発達をとげます。また，この時期の発達は，子どもの

後の心理的発達に大きな影響を及ぼします。ここでは，乳児期，幼児前期，そして幼児後期の発達段階の特徴をみていき，各発達段階の時期にどのような援助ができるのかを考えていきます。

ⅰ) **乳児期**　乳児期とは，出生から1人で歩けるようになる1年半くらいまでの時期のことをいいます。乳児期は，身体面の発達が非常に大きい時期です。たとえば，身長の年間発育量（1年間に身長が何cm伸びたか）が1番大きいのは，出生直後です。また，大脳発達においても著しく，出生直後400g足らずしかなかった脳は，わずか2年間に1100gと2倍以上の重さに増大します。

この時期の重要な発達課題は，母親への愛着を形成し，人との信頼関係を築いていくことです。幼児期になると，日常生活上の習慣の訓練やしつけが行われますが，それらを乗り越えられるかどうかは，「愛着・信頼関係」の成立に負うところが大きいともいわれています。つまり，この時期は，子どもと保護者（あるいは保育者）がどのような対人関係を形成するかによって，後の子どもの発達に大きな影響を与える重要な時期であるといえます。

ⅱ) **幼児前期**　幼児期とは，乳児期が終わる生後1年半くらいから小学校入学前までの時期のことをいいますが，およそ3歳を境にして，それ以前を幼児前期，それ以降を幼児後期と分けることが一般的です。

幼児期のもっとも重要な発達課題は，日常の基本的な生活習慣の自立です。表4-4に示されているように，満4歳になる頃までには，幼児は自分の身の回りのことを自分で処理できるようになります。

基本的生活習慣の自立は，保護者（あるいは保育者）のしつけを通して行われますが，基本的生活習慣が身につくと，「自分にもできるんだ！」といった自信が子どもに生まれます。一方，基本的生活習慣の自立に失敗すると，羞恥の気持ちを強く抱くようになったり，自分の能力に不信感をもったりします。つまり，基本的生活習

表 4-4 基本的生活習慣の自立の基準（高橋・藤﨑・仲・野田, 1993）

	食事	睡眠	排泄	着脱衣	清潔
6ヶ月～1歳3ヶ月	離乳食〜幼児食へ移行させ，喜んで食べる。	生活リズムにそって，眠いときは安心して十分眠る。	徐々に便器での排泄になれる。		おむつの交換などにより，清潔の心地よさを知る。
1歳3ヶ月～2歳未満	スプーン，フォークを使って1人で食べようとする気持ちをもつ。		便器での排泄になれる。	衣服の着脱に興味をもつ。	
2歳	こぼしたり，ひっくりかえしても自分で食事しようとする。嫌いな物も少しずつ食べる。食後うがいをする。	落ち着いた雰囲気で十分眠る。	自分から，また促されて便所に行く。見守られて自分で排泄する。	簡単な衣服は1人で脱げる。手伝ってもらいながら1人で着る。	手伝ってもらいながら，顔を拭く，手を洗う，鼻を拭く。
3歳	こぼさずに1人で食べる。		失敗することはあっても，適宜1人で排尿，排便できる。	ほとんどの衣服を自分で着脱し，調節しようとする。	食事の前後，汚したときに，自分で洗い，拭くなどし清潔を保つ。自分用のハンカチ，タオルを使う。
4歳	食事の前には，自分から手を洗い，食後は歯を磨く。	落ち着いた雰囲気で十分眠る。言われて休息，昼寝ができる。	排泄やその後始末は，ほとんど1人でできる。	言われると帽子を被る。順序よく衣服の着脱をする。衣服の調節をする。	鼻をかんだり，顔や手を洗い，からだの清潔を保つ。
5歳	食事の仕方が身につき，楽しんで食べる。食後は進んで歯を磨く。		排泄の後始末を上手にする。	ほとんど1人で衣服を着脱し，必要に応じて衣服を調節する。	うがい，手洗いの意味がわかる。からだや身のまわりを清潔にする。
6歳	食べ物とからだの関係について関心をもって食事をする。	休息するわけがわかり，運動や食事の後は静かに休む。	便所を上手に使う。	衣服の着脱が1人ででき，衣服を適当に調節する。	清潔にしておくことが病気の予防と関連することがわかる。からだ，衣服，持ちものなどを清潔にする仕方を身につける。

慣の自立は，子どもの自我機能を発達させ，自己コントロールの能力をつけることでもあります。

また，基本的生活習慣は，しつけを通して単に身につければよいというだけでなく，このしつけの仕方が子どもの後の心理的発達に大きな影響を及ぼします。たとえば，しつけが厳しすぎたり，脅迫的であったりすると，完全主義や強迫的性格といった問題をもつようになると考えられています。子どもの自我機能や自己コントロール能力をうまく育みながら，子どもの発達状態に応じた基本的生活習慣を習得させていくことが保護者や保育者に望まれるのはこのためです。

ⅲ）幼児後期　　2，3歳頃になると，これまで素直に親の言うことを聞いていた子どもが，親の指示に対して「やだ」「ばか」と言って逆らうようになるといった「第一反抗期」がみられます。これは，子どもの自我意識が確立し始め，自分の力を試したいという自立心の現われですので，保護者や保育者は子どもが順調に発達している証として温かく受け入れてあげましょう。

また，この時期に急激に発達するのが言語能力です。4～5歳児での使用語彙は2000語程度ともいわれ，これは日常会話ができるレベルに相当します。とくに3歳から4歳半ごろまでは，年間約700語の新しい語を使用語彙として獲得しているといわれ，幼児期が言語習得にとって非常に重要な時期であることがわかります。言葉の問題（言葉の遅れ，吃音など）が顕在化してくるのもこの時期であり，専門的な見極めと子どもがリラックスしてゆっくり話せる雰囲気づくりが大切です。

2）**発達障害のとらえ方**　　近年，障害が多様化するなか，保育に特別な配慮を必要とする子どもが増えている傾向にあります。保育所での障害児保育は1974年に制度化されて以来，全国でその人数は増加しています。また，発達障害者支援法が施行されるな

ど，今後，特別支援教育としてきめ細かな保育の体制をより一層充実し，個々の状況や発達段階に応じた適切な援助を行うことが求められています。

発達障害に含まれる障害には，①自閉症スペクトラム，②学習障害（LD），そして③注意欠陥多動性障害（ADHD）があります。

i) **自閉症スペクトラム**　「スペクトラム」とは連続体という意味です。自閉症は，その障害の程度が多様であり，また，カナーが提唱した自閉症とアスペルガーが提唱したアスペルガー症候群に連続性が認められることから，その多様性・連続性を表わした概念を自閉症スペクトラムとよんでいます。つまり，自閉症スペクトラムとは，いわゆる典型的な自閉症から，アスペルガー症候群または高機能自閉症まで，重度の知的な遅れがある場合から知的な遅れがない場合まで，連続した一続きのものという広い概念です。自閉症スペクトラムは，基本的に，①社会性の問題，②ことば（コミュニケーション）の問題，③想像性の問題の3つの問題から定義されます。

社会性の問題とは，相手の気持ちがわからない，友人関係を築けない，場にあった行動がとれないといった対人的な相互作用に関わる問題のことです。ことば（コミュニケーション）の問題は，話しことばの発達が遅れている，会話ができない，反響言語（言われたことをそのままオウム返しをする）やその場に関係のないことば（コマーシャルのフレーズなど）を繰り返し言い続ける，などを示します。想像性の問題とは，自分が興味をもったこと（たとえば，特定のマークや文字，電車など）にだけ異常に熱中するといった興味や活動の限定，決まりきったパターンで何かやることにこだわり，そのパターンが壊されるとパニックを起こす，くるくると体を軸にして回るなどの常同行動，などを示します。

ii) **学習障害（LD）**　学習障害（LD）とは，全般的な知的能力には問題がないのに，読む，聞く，話す，書く，計算するまたは推

論する能力のうち特定の能力の習得と使用に非常に困難を示すさまざまな状態を示すもののことを指します。

　小学校に入学し，本格的な教科学習が始まる前は，学習障害の問題が気づかれにくいことが多いのですが，乳幼児期から形，量や数，空間，文字の記号の理解や表出が極端に苦手であったり，コミュニケーションの問題がみられたりといった特徴をもっていることも少なくありません。

　ⅲ）**注意欠陥多動性障害（ADHD）**　注意欠陥多動性障害（ADHD）とは，①不注意，②多動性，③衝動性の症状のいずれかが7歳以前に現われる障害と定義されています。不注意とは，注意を集中させることが困難で，外からの刺激によって気が散りやすい，忘れ物が多い，などのことを示します。多動性は，座っていなければならない場面で席を離れてしまう，じっとしていることが苦手で常に動き回っている，一方的にしゃべり続ける，などのことです。最後の衝動性とは，順番を待つことができない，質問が終わる前に答えてしまう，人の邪魔をしてしまったりする，などのことです。これらの症状のどれが強く現われるかによって，不注意優勢型，多動性-衝動性優勢型，混合型の3つのタイプに分類されます。

　注意欠陥多動性障害の子どもは，自分の行動や感情をコントロールする力が非常に未熟なため，仲間とトラブルを起こすことも少なくありません。また，学習障害（LD）を合併している場合が多いので，とくに小学校入学後にさまざまな問題が生じることになります。

[3] 子どもの発達状況への理解――発達検査の活用

　子どもの発達援助や発達相談にあたって，最初にしなければいけないことは，対象となる子どもの発達状況について正しく理解することです。その際，行動観察，生育歴の聴き取り，保育者（保育士・

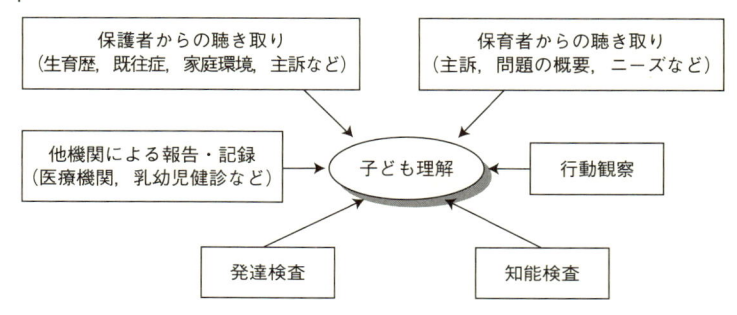

Chapter 4　保育とカウンセリングの実際

```
┌─────────────────────────┐           ┌─────────────────────────┐
│  保護者からの聴き取り    │           │  保育者からの聴き取り    │
│(生育歴,既往症,家庭環境,主訴など)│      │(主訴,問題の概要,ニーズなど)│
└─────────────────────────┘           └─────────────────────────┘
           ↘                                     ↙
┌─────────────────────────┐        ╭──────────╮        ┌──────────┐
│  他機関による報告・記録  │  →    │ 子ども理解 │   ←   │ 行動観察 │
│(医療機関,乳幼児健診など) │        ╰──────────╯        └──────────┘
└─────────────────────────┘           ↗      ↖
           ┌──────────┐           ┌──────────┐
           │ 発達検査 │           │ 知能検査 │
           └──────────┘           └──────────┘
```

図4-5　さまざまな側面からのアセスメント

幼稚園教諭)から得られた情報などの他に,検査(テスト)などで得られた客観的な情報を用いることによって,子どもの発達状況の理解がさらに進むことはいうまでもありません(図4-5参照)。こうしたさまざまな側面からの情報の収集や分析のプロセスのことを「アセスメント」とよびます。

アセスメントのツール(道具)の1つである検査(テスト)には,発達検査や知能検査,性格検査などがありますが,乳幼児の発達状況の理解においてよく使用されるのは,発達検査と知能検査でしょう。このうち,身体,知覚,運動,言語,認知,生活習慣などの観点を統合して全体的に乳幼児の発達レベルを把握しようとする発達検査は,実施が比較的簡便で時間がかからないという利点もあって,スクリーニング検査や診断検査によく用いられています。ここでは,この発達検査について取り上げます。

1) 発達検査を活用する目的　発達検査を活用する目的は,主に以下の4点に分けられます。発達検査は,子どもについてのアセスメントの1つの方法であり,発達援助・発達相談という専門的な行動についての意思決定する基礎づくりともいえます。

①子どもの発達状況を把握する。
②発達の遅れを早期発見するスクリーニングを行う。

③発達の援助や指導の目標を設定する。
④発達の援助や指導の効果を評価する。

2）発達検査を活用するにあたっての留意点　発達検査を活用するにあたっては，さまざまな留意点があります。発達検査内容についての知識の習得はもとより，それぞれの発達検査の手引きに従い，正しい実施方法や利用法を習得し，各発達検査が定めている留意点や注意点を考慮することは当然のことですが，ここでは発達検査を使用するうえでの全般的な留意点としていくつかあげておきます。

ⅰ）発達検査の活用の目的を明確にする　発達検査を活用するにあたっては，何のためにその発達検査を実施するのか，その目的を明確にしなくてはなりません。つまり，目的なくして安易に発達検査を実施することはあってはならないでしょう。発達検査はアセスメントの手段の1つに過ぎず，発達検査をすること自体が目的となってはいけません。発達検査を実施する目的を明確にし，その目的に沿った適切な発達検査を選ぶ必要があります。また，実施された発達検査は，検査を受ける子どもやその保護者に何らかの利益や恩恵をもたらさなければならないことはもちろんです。

ⅱ）発達検査のとらえ方に留意する　発達検査を子どもの発達状態に対して何らかの診断名をつける，つまりラベリングするためのプロセスと誤解してはいけないでしょう。ラベリングや診断名は，あくまでも効果的な援助を想定しての発達状況の理解，あるいは発達援助の方法を整理するための段階的プロセスであるに過ぎないからです。

また，発達検査は検査時点における子どもの発達水準を測定しているものに過ぎず，将来における子どもの発達可能性までも予測することはできないことを忘れてはなりません。検査時点において言葉の遅れや運動機能の停滞，社会性の問題が測定されたとしても，

何年か後には正常な発達段階へとキャッチアップする（追いつく）ということは，実際によくあることです。

ⅲ）発達検査の結果の伝え方に注意する　　発達検査を実施する目的を保護者にていねいに説明し同意を得る（インフォームド・コンセント）ことはもちろん，実施された発達検査の結果について，保護者に報告をしなければいけませんが，その説明は慎重になされる必要があります。検査結果に過剰に敏感になったり，保護者に無用な心配をさせたりしないように配慮しなければなりません。前述したとおり，発達検査は，検査時点における発達状況の一側面を測定しているものであって，それが将来の発達を予測するものではないこともしっかり伝えておく必要があるでしょう。そして，結果として"ここまでしかできない"という評価ではなく，"ここまでできている""前回はできていなかったここができるようになっている"という確認作業に立って，次の援助・指導目標のステップにつながるような伝え方がよいでしょう。

また，発達検査によっては，発達指数を算出することができる検査もありますが，何も発達指数まで保護者に伝える必要はないでしょう。発達検査の結果は，保護者の性格や心配の度合いによっても，伝え方が微妙に異なってくるため，どのように保護者に伝えるのかは，専門家にとって力量と人間性を問われる場面でもあります。子どもの発達状況を保護者に客観的に理解させ，子どもの苦手な領域を補い，得意な領域を伸ばしていくような伝え方を心がけたいものです。

ⅳ）多角面から診断し活用する　　いくつかの検査（テスト）を組み合わせて実施することを，テスト・バッテリーといいます。発達検査の多くは，保護者に回答を求める質問紙形式によるものが多く，1つの発達検査のみで子どもの発達状況をアセスメントすることには限界があります。子どもの発達の正確な診断のためには，他

の発達検査あるいは知能検査などとのテスト・バッテリーや行動観察などを用い，つねに全存在としての子どもを見据え，全般的・多角的な側面から子どもの実態を把握していく必要があります。

一方で，検査は数多くやればいいというものでもありません。検査の数が増えることはそれだけ保護者や子どもに負担を与えるものであり，必要以上に数多くの検査を取り入れることは慎むべきです。アセスメントに必要十分な情報を引き出せる最小限の検査の選択を心がけ，得られた情報を相互に関連性をもたせることがとりわけ重要です。

3) **さまざまな発達検査**　乳幼児の発達状況をさまざまな側面から把握しようとする発達検査が数多く開発されています。ここでは，その中から，比較的使用頻度が多い発達検査を5つほど紹介することにしましょう（表4-5参照）。

ⅰ) **遠城寺式乳幼児分析的発達検査法**　遠城寺式乳幼児分析的発達検査法は，遠城寺宗徳らによって開発された，乳幼児向けの発達検査法としては日本で最初に開発された検査であり，乳幼児健診（1歳6ヶ月児健診，3歳児健診など）や発達相談などによく用いられています。この検査は，発達上の問題や発達障害がある子どもを早期に発見するための「スクリーニング・テスト（screening test)」として用いられることが多いようです。スクリーニング・テストとは，子どもの正常性と異常性を素早く判別するためのテストであり，大勢の子どもが受ける集団健診（たとえば，1歳6カ月児，3歳児乳幼児健診）などで専門的な治療や療育が必要な子どもを見分けるために用いられます。

運動（移動運動，手の運動），社会性（基本的習慣，対人関係），言語（発語，言語理解）の3分野6領域に分かれており，各領域ごとに子どもの発達状況を分析的に評価できます。適用年齢は，0ヶ月〜4歳7ヶ月であり，保護者から見た子どもの状態を聞きながら，

表4-5 さまざまな発達検査

発達検査名	適用年齢	所要時間	領域
遠城寺式乳幼児分析的発達検査法	0ヶ月～4歳7ヶ月	15分程度	移動運動, 手の運動, 基本的習慣, 対人関係, 発語, 言語理解の6領域。
津守・稲毛式乳幼児精神発達診断法	・1～12ヶ月用 ・1～3歳用 ・3～7歳用	20分程度	1～12ヶ月用および1～3歳用では, 運動, 探索・操作, 社会, 生活習慣(1～12ヶ月用では食事), 理解・言語の5領域。3～7歳用では, 運動, 探索, 社会, 生活習慣, 言語の5領域。
KIDS（乳幼児発達スケール）	・1ヶ月～11ヶ月用 ・1歳0ヶ月～2歳11ヶ月用 ・3歳0ヶ月～6歳11ヶ月用 ・1ヶ月～6歳11ヶ月用（発達遅滞児向き）	10～15分程度	運動, 操作, 言語理解, 表出言語, 概念, 対子ども社会性, 対成人社会性, しつけ, 食事の9領域。
TK式幼児発達検査	3歳6ヶ月～6歳11ヶ月	20～30分程度	「生活能力」は, 仕事の能力, からだのこなし, ことばの表現・理解, 集団活動, 自己統制, 自発性の6領域。「生活習慣」は, 清潔, 排泄, 着衣, 睡眠, 食事の5領域。
新版S-M社会生活能力検査	乳幼児～中学生	20分程度	身辺自立, 移動, 作業, 意志交換, 集団参加, 自己統制の6領域。

あるいは行動観察によって記入をしていきます。

結果が折れ線グラフで描かれるため（図4-6参照），発達の偏りがわかりやすくなっています。

ⅱ）津守・稲毛式乳幼児精神発達診断法　　津守式乳幼児精神発達

2. 援助的・治療的カウンセリング

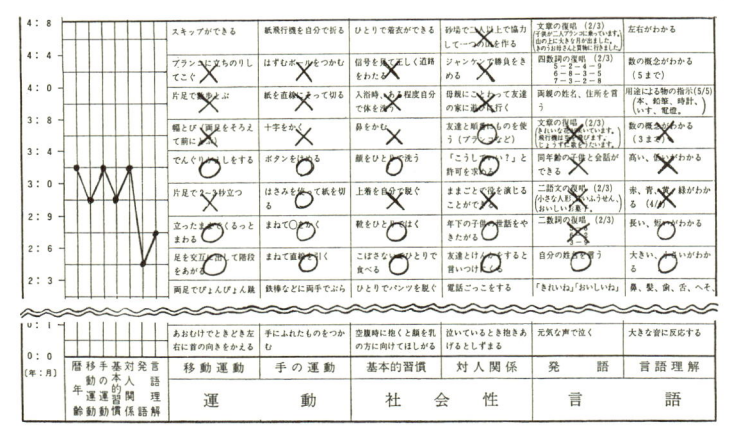

図 4-6 遠城寺式乳幼児分析的発達検査法の記入例（遠城寺・合屋・黒川・名和・南部・篠原・梁井・梁井，1996）

診断法（津守・稲毛式乳幼児精神発達診断法）は，津守真と稲毛教子によって作成された乳幼児向けの診断的な発達検査です。遠城寺式乳幼児分析的発達検査法と同様に，乳幼児健診などでスクリーニング・テストとして用いられることが多い検査です。

この診断検査は，438項目からなる質問紙法の発達検査であり，保護者に乳幼児の発達状況を尋ね，その結果を整理することにより子どもの精神発達の診断をするものです。年齢に応じて3種類の適用可能な質問紙（1〜12ヶ月用，1〜3歳用，3〜7歳用）が作成されていて，運動，探索・操作，社会，生活習慣，言語の5つの領域で診断します。

1〜12ヶ月用および1〜3歳用については発達指数（DQ：Developmental Quotient）を算出することができますが，後に「子どもの保育・教育にあたって指数を知ることは先入観をもたせることになり，弊害の方が大きい」（「乳幼児精神発達診断法」1995年増補の序より）と，発達指数に換算すべきではないことが述べられ

ています。

検査結果は,「発達輪郭表」に折れ線グラフのプロフィールとして作成されるため（図4-7参照），発達の偏りが視覚的にわかりやすくなっています。

ⅲ) KIDS（乳幼児発達スケール）　KIDSとは,「Kinder Infant Development Scale」の頭文字をとったもので"キッズ"とよばれています。KIDSは，乳幼児の発達状況を把握できる保護者記入式の発達検査です。1989年，全国38都道府県の乳幼児6,000名によって標準化された検査で，さまざまある発達検査の中では，比較的新しい検査の1つです。

検査は，年齢および発達の遅滞に応じて4種類の検査（1～11ヶ月用（タイプA），1歳0ヶ月～2歳11ヶ月用（タイプB），3歳0ヶ月～6歳11ヶ月用（タイプC），発達遅滞傾向児を対象とした1ヶ月～6歳11ヶ月（タイプT））があります。このうち，タイプTは，発達遅滞の程度によっては中学生あたりまで適用が可能です。各タイプともに，運動，操作，言語理解，表出言語，概念，対子ども社会性，対成人社会性，しつけ，食事の9領域によってプロフィールが描かれ，発達年齢ならびに発達指数を算出することができます。

ⅳ) TK式幼児発達検査　TK式幼児発達検査は,「生活能力」と「生活習慣」の2つの側面から幼児の発達を理解できる検査で，180の質問項目から構成されています。適用年齢は3歳6ヶ月～6歳11ヶ月であり，保護者に記入してもらう検査です。

生活能力は，日常生活の中で必要とされる，社会的スキルや能力に関するものを中心としたもので，仕事の能力，からだのこなし，ことばの表現・理解，集団活動，自己統制，自発性の6領域からそれぞれの発達の程度をみています。

生活習慣は，日常生活を送るうえで必要とされる基本的な習慣やしつけに関するものが中心で，清潔，排泄，着衣，睡眠，食事の5

2. 援助的・治療的カウンセリング

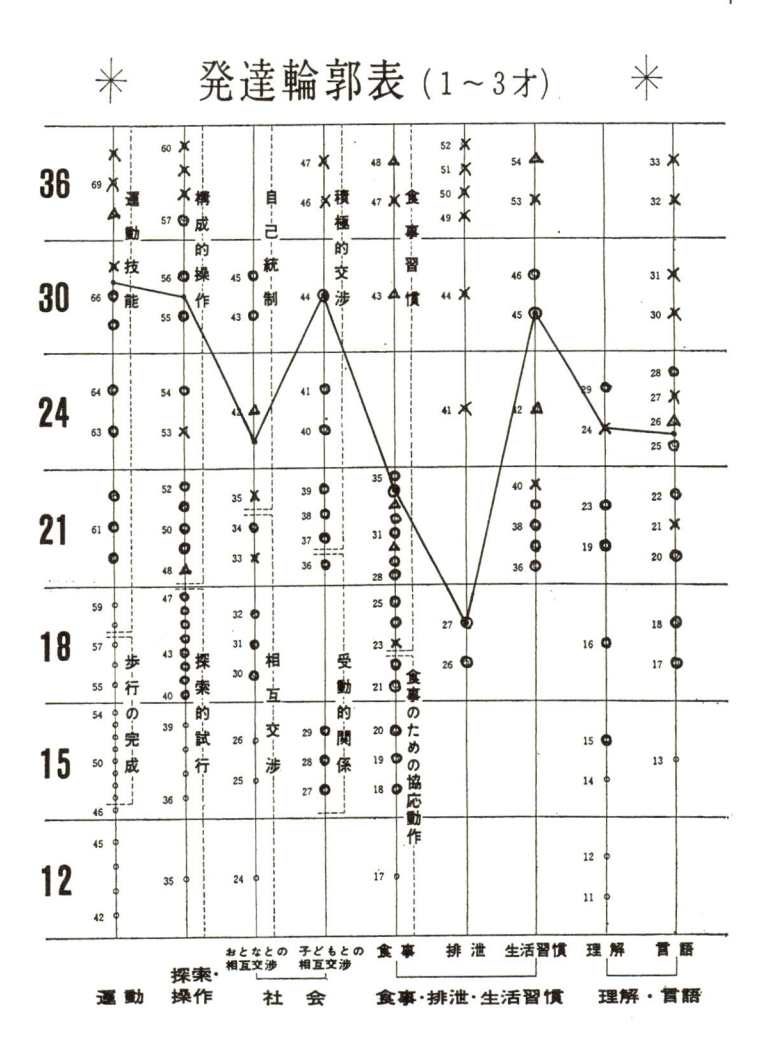

図 4-7 津守・稲毛式乳幼児精神発達診断法の記入例（津守・稲毛, 1997）

1. 生活能力

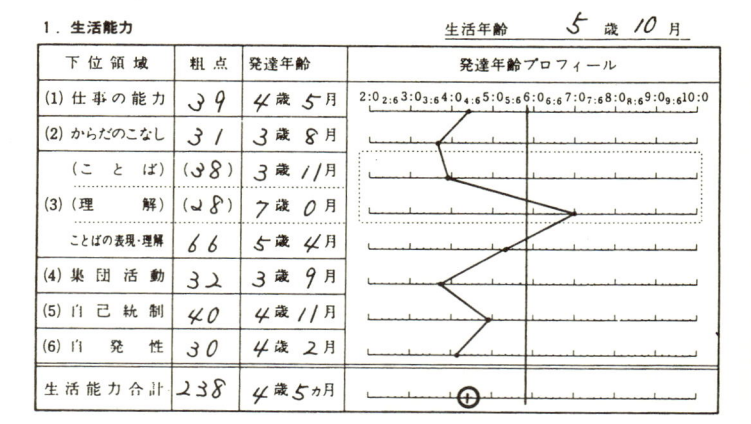

生活年齢 5歳 10月

下位領域	粗点	発達年齢
(1) 仕事の能力	39	4歳 5月
(2) からだのこなし	31	3歳 8月
(3) (ことば)	(38)	3歳 11月
(3) (理解)	(28)	7歳 0月
ことばの表現・理解	66	5歳 4月
(4) 集団活動	32	3歳 9月
(5) 自己統制	40	4歳 11月
(6) 自発性	30	4歳 2月
生活能力合計	238	4歳 5カ月

2. 生活習慣

下位領域	粗点	段階別判定
(1) 清潔	6	A B Ⓒ
(2) 排泄	10	Ⓐ B C
(3) 着衣	8	A B Ⓒ
(4) 睡眠	10	Ⓐ B C
(5) 食事	8	A Ⓑ C
生活習慣合計	42	A Ⓑ C

3. 発達指数

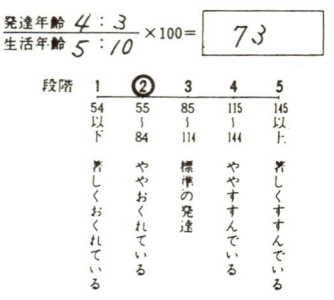

$$\frac{発達年齢\ 4:3}{生活年齢\ 5:10} \times 100 = 73$$

段階	1	②	3	4	5
	54以下	55〜84	85〜114	115〜144	145以上
	著しくおくれている	ややおくれている	標準の発達	ややすすんでいる	著しくすすんでいる

図4-8 TK式幼児発達検査の記入例（田中教育研究所，1979）

領域からその到達レベルをみています。

　結果は，生活能力においては，発達年齢とプロフィールから，生活習慣においては，3段階による判定から診断され，全体的な発達指数も算出することができます（図4-8参照）。TK式幼児発達検査は，幼稚園教育要領や保育所保育指針にある幼児期に育てたい健康，人間関係，環境，言葉，表現の5領域に基づいており，検査の結果は，幼稚園や保育園において診断と援助が連動しやすいように

配慮されています。

ⅴ）新版 S-M 社会生活能力検査　　社会生活能力（social competence）とは，社会生活に必要な能力のことをいいます。社会生活での適応に関しては，その困難が精神遅滞の定義の構成要素であるにもかかわらず，その検査の数は意外にも少ない現状にあります。新版 S-M 社会生活能力検査は，精神発達遅滞児の診断に不可欠な要素である社会生活能力をとらえる質問紙法の検査です。この検査では，社会生活への全般的適応を社会生活年齢（SA）によって評価します。発達に遅れのある子どもだけでなく，通常の発達の子どもにも適応可能です。適用年齢は1歳～13歳ですが，社会生活能力が遅れている者では年齢以上でも適用が可能です。

身辺自立，移動，作業，意志交換，集団参加，自己統制の6つの領域130項目から構成されていて，対象となる子どもをよく知っている保護者や保育者等に記入してもらいます。領域別に社会生活年齢（SA）と社会生活指数（SQ）が算出され，SAプロフィールを描くことで発達の偏りがわかり，適切な発達援助が行える手助けとなります。

[4] 巡回相談

子どものさまざまな問題は，身体の病気や発達の遅れ，精神の障害など，専門家の援助を必要とする場合もあるので，専門的な見極めが非常に重要になることがあります。そうしたことを踏まえ，近年，園（保育所・幼稚園）では心理学や特別支援を専門とする専門家が活動しています。ここでは，そうした活動の1つである巡回相談について取り上げ，巡回相談の活動内容や今後の課題について考えていきます。

1）園（保育所・幼稚園）の現状　　現在，園（保育所・幼稚園）や学童保育は，発達障害の子ども，人間関係をうまく築けない

子ども，多動の激しい子どもなど，発達していくことに"困難をかかえた子ども"の保育で生じる多彩な問題状況に直面しています。

市町村では，障害や異常の早期発見，心身の発育や発達の評価，そして子育て支援などを目的に，自治体によってその実施時期は必ずしも一定ではありませんが，発達の節目の時期（たとえば，4カ月児，10カ月児，1歳6カ月児，3歳児）に乳幼児健診を実施しています。

そうした発達に問題のある子どもの早期発見の取り組みの制度化に伴い，中度・重度の精神遅滞児や自閉症児が，比較的，発達の早い段階で発見され，通園施設や親子教室などで適切な療育を受けることができるようになってきています。

一方，障害の種類によっては，就学前の発達段階にならないと発見しにくい障害や，集団生活を送るようになってはじめて顕在化する問題があるなど，園（保育所・幼稚園）が直面する問題も多いのが現状です。発達に問題のある子どもの発見においては，各発達段階に応じた各分野における保健や医療に関する知識や相談体制の整備が重要です。

また，すでに何らかの障害や困難が発現し，園（保育所・幼稚園）に通園している子どもやハイリスク児に対しては，可能な限り早期に障害や困難の種別や程度に応じた適切な支援や指導を行うことで，2次障害の発生を未然に予防あるいは軽減させたり，発達を促進したりすることができます。

これまで保育者は，自らの専門性を最大限に発揮しながら，そして保育者集団で協力しながら，発達に問題のある子どもの対応に努力してきました。しかし，こうした発達に問題のある子どもの対応には医学や心理学などの専門知識が不可欠であり，保育現場では，外部の専門家からの支援を切実に期待しています。

2）巡回相談の導入　　こうした園（保育所・幼稚園）の現状

2. 援助的・治療的カウンセリング

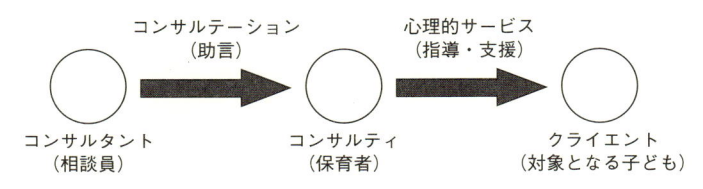

```
コンサルテーション          心理的サービス
   (助言)                (指導・支援)
○ ━━━━━━━▶ ○ ━━━━━━━▶ ○
コンサルタント          コンサルティ          クライエント
(相談員)               (保育者)             (対象となる子ども)
```

図4-9 コンサルテーションの関係

をもとに，国の政策として，心理学や特別支援を専門とする専門家（臨床心理士，発達臨床心理士，保育カウンセラーなど）が保育所や幼稚園に赴いて，保育者に助言を行う「巡回相談」が導入されることになりました。わが国では，同一の名称をもちながら多様な巡回相談が行われていますが（浜谷, 2005），ここでは巡回相談を「専門性を備えもつ相談員が園（保育所・幼稚園）を訪問して，子どもの園での生活を実際に見たうえで，それに基づいた専門的な援助を行うこと」とします（浜谷・秦野・松山・村田, 1990 を参照）。全障研障害乳幼児施策全国実態調査委員会（2001）の全国的な調査によりますと，111の自治体の調査において，69%の自治体で巡回相談が実施され，現在，全国の自治体で広く巡回相談が実施されている状況にあります。

巡回相談の特徴としては，相談員が対象となる園児を直接的に支援・指導するのではなく，保育者の保育を介して間接的に子どもを支援・指導するというコンサルテーションの形式をとることです（図4-9参照）。巡回相談員が，障害のある園児や，行動面や対人関係などにおいて気になる園児の保育担当者や保護者など，対象となる園児を支援する別の機関とともに，対象となる園児が必要とする援助の内容と方法を考え，保育者にコンサルテーション（助言）を行っています。

巡回相談における具体的な内容とその流れを図4-10に示しました。巡回相談員が，保育者や保護者からの聴き取り，保育場面にお

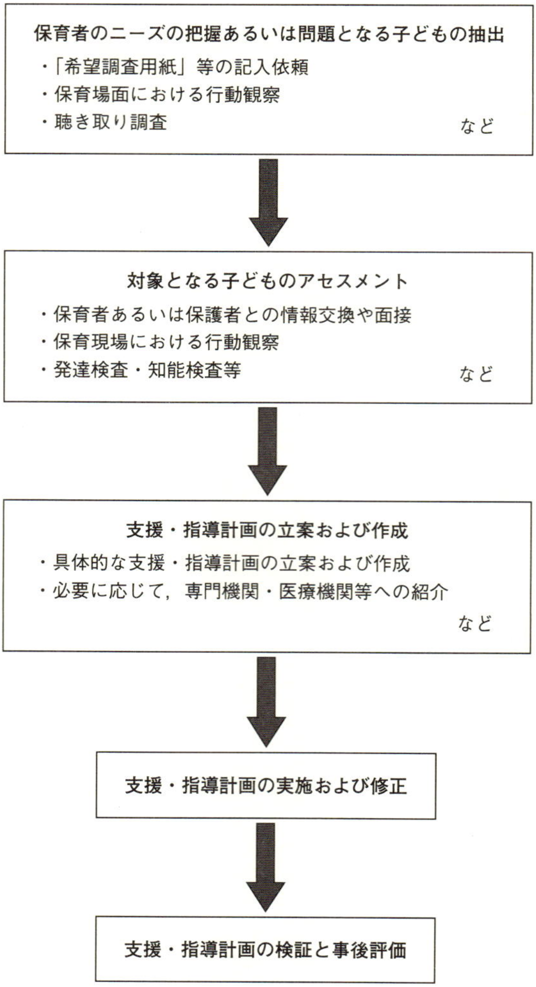

Chapter 4 保育とカウンセリングの実際

保育者のニーズの把握あるいは問題となる子どもの抽出
・「希望調査用紙」等の記入依頼
・保育場面における行動観察
・聴き取り調査　　　　　　　　　　　　　　　　など

↓

対象となる子どものアセスメント
・保育者あるいは保護者との情報交換や面接
・保育現場における行動観察
・発達検査・知能検査等　　　　　　　　　　　　など

↓

支援・指導計画の立案および作成
・具体的な支援・指導計画の立案および作成
・必要に応じて，専門機関・医療機関等への紹介
　　　　　　　　　　　　　　　　　　　　　　　　など

↓

支援・指導計画の実施および修正

↓

支援・指導計画の検証と事後評価

図 4-10　巡回相談の主な内容とその流れ

ける観察，発達検査などの情報を総合して，子どもの発達と保育の状態をさまざまな側面からアセスメントして，保育者に具体的な支援方法や指導方法を助言します。図4-10のうち，対象となる子どもへの支援・指導計画を直接実施するのは保育者であり，あくまでも巡回相談員は保育者の保育を介した間接的支援を原則とします。

また，巡回相談のスタイルは多種多様であり，地域，自治体，個々の園がもっている多数の背景要因の違いによって巡回相談システムは異なります。浜谷（2005）によると，子どもへの支援よりは，保育者への支援を重視し，保育のなかで生じている子どもと保育者の相互作用を観察することよりも，保育者の語りから，保育者がそれをどう認知し，どのような感情が生起しているのかに焦点を当てて支援するような巡回相談のスタイルもあるといいます。

浜谷（2005）が保育者からの評価に基づいて，巡回相談による支援機能の分析を行ったところ，巡回相談には6つの支援機能があることがわかりました。その内容を表4-6に示しました。表4-6より，保育者は巡回相談員からの助言を受けることにより，保育者自身の悩みや心配事が軽減し，自分の保育への自信が高まることや保護者との良好な関係が築けるなど，対象となる子どもへの支援にとどまらず，保育者自身への支援につながるなど，保育者から高い評価を得ていることがわかります。

3）巡回相談の課題　　巡回相談は導入されてからまだ日が浅く，わが国の巡回相談の全体像としての実態を示す資料などは今のところありません。園（保育所・幼稚園）や学童クラブでは，障害児の受け入れ数が年々増加傾向にあり，巡回相談における支援の充実化はまだまだこれからです。ここでは，巡回相談における課題として3点ほどあげておきます。

ⅰ）制度の充実化　　巡回相談はすでに，全国各地で広く実施されています。しかし，巡回相談が2003年より国の政策から自治体

表 4-6 保育者からみた巡回相談の支援機能

●保育方針の作成
　"子どもの問題行動への対処法がみえてきた""これからの保育の見通しをもつことができた"など

●障害などの理解
　"障害児保育の意義について理解を深めた""発達や障害について理解を深めた"など

●保育意欲
　"悩みや疑問を聞いてもらって気持ちが楽になった""保育や障害などについてもっと知りたいと思った"など

●保育成果の評価
　"自分たちの保育に自信をもつことができた""これまでの保育の意味や成果を確認できた"など

●協力連携
　"園と保護者との関係がよくなった""他の専門機関との連携が進んだ"など

●クラスの他児への保育
　"周囲の子どもとのかかわりについて示唆が得られた""他の子どもの保育への示唆が得られた"など

主体となり，巡回相談の導入や内容が，地域や園の保育の熱意の度合いによっても格差が生じているのが現状です。専門知識を備えもつ相談員の人数が少ないことや，自治体の財源上の問題があり，十分な回数の巡回相談が行われていません。巡回相談の回数，専門の相談員の充実化，巡回相談のシステムの明確化など，問題は多く残されています。

ⅱ）相談員の専門性　　巡回相談の相談員には，保育に即して子どもの発達と障害の状態についてアセスメントし助言することができる専門性が必要とされます。いくら子どもの発達状況における助言を行ったとしても，それが保育場面においては実行不可能な支援

方法であれば，それは非現実的な助言となるでしょう。たとえば，極端な例ですが，保育者が目を離すと園の外まで走り回り，よく迷子になるという多動の激しい ADHD 児に対して，"園にいる間はずっとその子どもから目を離さないように"と保育者に助言したとしても，保育者と四六時中一緒に過ごすというのは，とうてい無理な話です。巡回相談では，発達や障害という観点と，保育場面という状況性の両方を考慮してアセスメントし助言することが求められます（浜谷, 2006）。しかし，発達や障害を専門とする相談員が保育に関する専門性を欠いているために，子どもの発達や障害だけに焦点化して保育の場に不適切な助言を行い，保育に悪影響を与える事態も生じている（柳沢, 1997）という指摘もあります。

また，巡回相談では，必要に応じて地域の専門機関や医療・療育機関などを紹介することもあります。そうした地域資源に関する専門性も相談員には望まれています。

しかし，こうした専門性を兼ね備えた相談員の数が少ないため，すべての園に対して十分な巡回相談が行われていないのが現状です。今後，理論的な枠組みに依拠しながら，相談活動を反省して相談員の専門性を高めることができる状況をつくる必要があるでしょう（浜谷, 2005）。

ⅲ）**保育者の資質の向上**　巡回相談では，相談員が保育者の保育を介して子どもを間接的に支援・指導するコンサルテーションの形式をとりますが，実際にこの支援・指導を効果的に発揮するためには，保育者が相談員からのアセスメントや助言内容をよく理解できる必要があります。しかし，相談員のアドバイス内容を保育者が消化できなかったり，また相談員から助言された支援・指導法の意図を取り違えた保育を行ったりするといった，相談員と保育者との間の良好な意思疎通が図れずにトラブルとなっている事例も表面化しています。

発達に問題のある子どもに対して質の高い支援・指導を提供していくためには，保育者自身がさまざまな障害の特徴や保育に関する知識や技術を習得することが求められます。とくに，発達に問題のある子どもと関係が深い注意欠陥多動性障害（ADHD）や学習障害（LD），自閉症スペクトラムなどの発達障害に関連する基本的な知識の理解，特別支援に関する基本的理解，ソーシャルスキル訓練など問題に配慮した指導方法や実践的な指導技術の習得は，今や必須であるといえます。

コンサルテーションでは，相談員（コンサルタント）と保育者（コンサルティ）の両者の関係が対等であることが望まれていますが，巡回相談では保育者が相談員に対してどうしても依存的になり，必ずしも能動的に参加しない場合がある（浜谷ほか，1990）など，両者の関係性においてはまだまだ問題も多いことが指摘されています。巡回相談の効果を高めるためには，保育に携わる保育者の専門性および資質の向上も問われています。

引用文献

遠城寺宗徳・合屋長英・黒川　徹・名和顕子・南部由美子・篠原しのぶ・梁井　昇・梁井迪子（1996）．遠城寺式乳幼児分析的発達検査法〔九大小児科改訂版〕　慶應義塾大学出版会

浜谷直人（2005）．巡回相談はどのように障害児統合保育を支援するか：発達臨床コンサルテーションの支援モデル　発達心理学研究, **16**, 300-310.

浜谷直人（2006）．子どもの発達と保育への参加を支援する巡回相談　発達, **27**, 2-10.

浜谷直人・秦野悦子・松山由紀・村田町子（1990）．障害児保育における専門機関との連携：川崎市における障害児保育巡回相談のとりくみの視点と特徴　障害者問題研究, **6**, 42-52.

平山許江（1987）．保育方略を指標にした幼稚園教諭の行動分析に関する

研究——その1—— 日本保育学会第40回大会発表論文集, 660-661.
平山園子 (1995). 保育カンファレンスの有効性 保育研究, **16**, 18-19.
國分康孝 (1980). カウンセリングの技法 誠信書房
國分康孝 (1981). エンカウンター：心と心のふれあい 誠信書房
國分康孝・片野智治 (2001). 構成的グループエンカウンターの原理と進め方：リーダーのためのガイド 誠信書房
國分康孝（編集代表）片野智治・小山 望・岡田 弘 (1998). サイコエジュケーション：「心の教育」とその方法 図書文化社
國分康孝・國分久子（総編集）片野智治（編集代表）(2004). 構成的グループエンカウンター事典 図書文化社
國分康孝・國分久子・片野智治・岡田 弘・加勇田修士・吉田隆江 (2000). エンカウンターとは何か：教師が学校で生かすために 図書文化社
森上史朗 (1995). 保育実践研究の基盤を考える 発達, **63** ミネルヴァ書房
日本教育カウンセラー協会（編）(2004). 教育カウンセラー標準テキスト初級編 図書文化社
坂越孝治・竹田契一・田中祐美子 (1987). 保育者のコミュニケーション・センシティビティの向上に関する実践的研究——INREAL(インリアル)適用の意義について—— 日本保育学会第40回大会発表論文集, 718-719.
鈴木裕子 (2007). 構成的グループエンカウンターの活用 冨田久枝・杉原一昭（編著）保育カウンセリングへの招待 北大路書房
高橋道子・藤﨑眞知代・仲真紀子・野田幸江 (1993). 子どもの発達心理学 新曜社
田中教育研究所 (1979). TK式幼児発達検査手引 田研出版株式会社
田中美保子・枡田正子・吉岡晶子・伊集院正子・上坂元絵里・高橋陽子・尾形節子・田中都慈子 (1996). 保育カンファレンスの検討——第1部 現場の立場から考える—— 保育学研究, **1**, 29-42.
冨田久枝 (2000). 幼稚園教員のビデオ自己評価研修とその効果——援助スキル変容と心理的な変化過程から—— 保育学研究第, **38**(2).
冨田久枝 (2007). 保育者のためのビデオ自己評価法 冨田久枝・杉原一昭（編著）保育カウンセリングへの招待 北大路書房

冨田久枝・田上不二夫（1996a）．幼稚園教員研修の実態と援助スキル訓練の重要性　日本カウンセリング学会第29回大会発表論文集, 124.

冨田久枝・田上不二夫（1996b）．幼稚園教員の援助スキル変容に及ぼすビデオ自己評価の効果　日本教育心理学会第33回大会発表論文集, 538.

冨田久枝・田上不二夫（1998）．幼稚園教員の援助スキル変容に及ぼすビデオ自己評価の効果　日本教育心理学会第40回大会発表論文集, 376.

冨田久枝・田上不二夫（1999）．幼稚園教員の援助スキル変容に及ぼすビデオ自己評価法の効果　教育心理学研究, **47**, 97-106.

津守　真・稲毛教子（1997）．増補乳幼児精神発達診断法　大日本図書

氏原　寛・東山紘久（編著）（1995）．幼児保育とカウンセリングマインド　ミネルヴァ書房

柳沢君夫（1997）．統合保育に関わる巡回訪問指導員の専門性に関わる一考察　特殊教育学研究, **34**, 17-22.

全障研障害乳幼児施策全国実態調査委員会（2001）．自治体における障害乳幼児対策の実態　障害者問題研究, **29**, 96-123.

Chapter 5
これからの保育カウンセリング

1. 保育カウンセリングと子育て支援

　本章・本節のねらいに応えるために，[1]では，子育て支援について取り上げる前に，子育ては誰の責任なのか，支援とは誰が誰を支えるのかについて吟味します。つづいて[2]において子育て支援の今日における課題について考察し，[3]で，その課題の状況別に保育カウンセリングの方向性について検討します。そして[4]でこの節全体をまとめようと思います。

[1] 子育ての責任者は誰か—保育カウンセリングとのかかわり—

　そもそも子育ての責任者は誰なのでしょうか。これには2つの考え方があります。1つは児童福祉法「第1章総則」にある考え方です。福祉関係者には周知のように，総則は資料5-1のとおりです。

　これによると，子育ての責任者は保護者とともに国及び地方公共団体であると明言されており，国や地方公共団体は支援者というような間接的で二次的なものではなく正に責任者なのです。

　「子育て支援」という概念の中には第一義的責任者が親・保護者でありそれを助けるのが国や地方公共団体かのようにとらえられ，

> （児童福祉の理念）第 1 条
>   全て国民は，児童が心身ともに健やかに生まれ，且つ，育成されるよう努めなければならない。
>   ②全て児童は，ひとしくその生活を保障され，愛護されなければならない。
>
> （児童の育成責任）第 2 条
>   国及び地方公共団体は，児童の保護者とともに，児童を健やかに育成する責任を負う。

資料 5-1　児童福祉法の総則

国や地方公共団体の責任が弱められてしまいます。国・地方公共団体と親・保護者はどちらも第一義的責任者であるのに片方は支援する側というのは，それ自体矛盾してきます。「保護者とともに」ということは，「親権者としての保護者を無視せず一緒に」という意味にとらえられます。したがって日々接して養育する身近な責任者は保護者であっても，国や地方公共団体もまた第一義的な責任者としてとらえられ，国や地方公共団体は決して支援者などではなく責任者なのです。第 1 条には国民の児童育成への努力義務が記されています。したがって子育ての第一義的な責任は国と地方公共団体と保護者にありますが，子育てへの参与は国民みなの努力義務であることが明記されていることになります。

このようにとらえると，子育て支援というよりは子どもが自ら育つことを，保護者も国も地方公共団体も住民もみなで支援していくという意味で「子育ち支援」の方が正確なのではないかと考えられるのです。

これに対して「子どもの権利条約」18 条には，第一義的責任は親双方にあり，親双方がそれを果たせるように援助するのが締約国

の責任となっています（しかし第一義的というのはプライマリーの訳であるので，第一次的すなわちもっとも身近なという意味にもとらえられると筆者は考えますが，一般的には責任の一義性のようにとらえられています）。

この2つの違いを図示すると以下のようになるでしょう（図5-1）。

したがって，ここでは「子育ち・子育て支援」として両方が入るように考えたいのです。子育て支援の場合にも責任は保護者とともに国・公共団体にありますが，一番身近なところで養育に責任をもっているのが「親・家族」と位置づけてとらえておき，国等は，自らの責任として身近な担い手を支援するというようにとらえておきます。

ここでこうした視点と保育カウンセリングの関係について述べておきます。国と地方公共団体と保護者の共同で子育ち支援をしている公的な保育機関の中心的存在として幼稚園と保育所をあげることができます。そして，ここで保育を担っている中心となるのが保育者（幼稚園教諭と保育士）としてとらえることができます。ここで保育カウンセリングとは，単なる子育て一般の相談という狭義のと

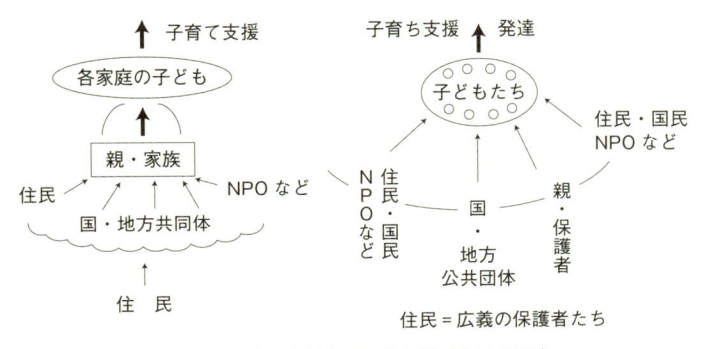

図5-1　子育て支援と子育ち支援（金田, 2003）

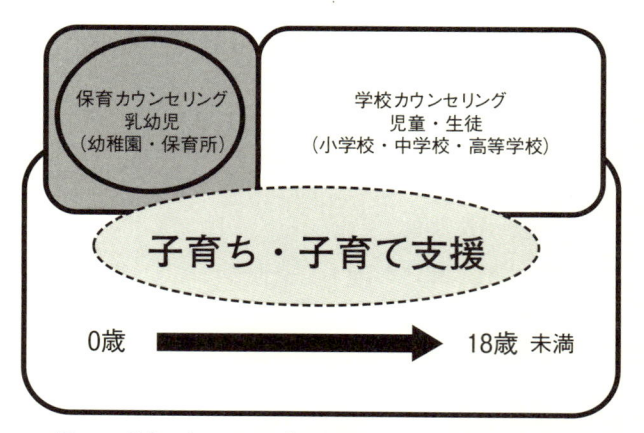

図 5-2 保育カウンセリングの守備範囲（子育て支援との関係）

らえ方ではなく，保育所・幼稚園等乳幼児保育の社会機関を中心とした乳幼児の発達をより豊かにしていくように支えるための保育相談を中心課題とします。具体的に，本書では子育て支援を保育カウンセリングと学校カウンセリングの両方にまたがる子育てといったステージにおける支援と関連してとらえ，論を進めていくこととします。

そこで，本書で扱う「子育ち・子育て支援」と「保育カウンセリング」の守備範囲について図5-2に示します。

[2] これからの子育ち・子育て支援の課題

では，これからの子育ち・子育て支援の課題は何でしょうか。ここでは，狭義の保育カウンセリングに入る前に子育て支援全体にふれておきますが，これを問うと，次のような答が返ってくるでしょう。

1つには，支援する場や受入れ人数をもっと増やすこと，既にある施設や仕組みをもっと充実すること等，量質ともに拡充の必要性

について指摘する答えが出てくるでしょう。その一方で，大日向雅美氏が『子育て支援が親をダメにするなんて言わせない』（岩波書店，2005）という本を出版する原動力になるくらい，量的拡充に否定的な答えもかなり強く出てくるものと読みとれます。

　しかし，この2つのねらいはおそらく共通しているところがあり，違いはその方法にあるように思われます。

　共通の願いは第一次的（もっとも身近なという意味）責任者である親自身の人間力・親力の発展にあるのではないか，受け身ではなく他の力を借りながらも自ら親・子育て主体として，親が親として人間として発達することを目指しているのではないかととらえられるのです。

　前者は，そのためにはひとりぼっちの親をなくし，大人として親同士が話し合ったり，親である前に人間として一人になる時間を保障したり，大変なときは「助けて」と叫べば応えてくれるような受け皿が十分にあることが必要だと考えている場合です。

　後者には親が親として育って欲しいという思いが先に立ち，親自らの能動的な取り組みなしに，お膳立てされている状況をつくることへの警鐘を鳴らしているのではないかと思われます。その回答者の多くは，たとえひとりぼっちになっても，親たる者は自ら良い親になるよう努力すべしという精神主義を押しつけることを良しとしているわけではないと予想されます。しかし，この主張には親に主体として育って欲しいという願いはあってもどうそのようにしていくのかという方法論がみえてこないところに問題があるのではないでしょうか。

　要は量的拡大とともにいかに質を高めていくかが今日の子育て支援の課題になります。そして，それを社会的保育の場合において力を発揮できるよう相談・支援するのが「保育カウンセリング」の役割です。

Chapter 5　これからの保育カウンセリング

　筆者は，日本保育学会の保育のあり方検討委員会（金田，2002）の共同研究の中で「保育施設の役割」について担当しました。その中で，時代の変遷における，産業構造の変化やそれに伴う生活関係の変化をふまえて，保育・教育の課題が変わってきた過程をとらえ，そこから今日の保育課題を見出してきました。

　次の表5-1はそのことを示したものです。横軸に時代をおき，縦軸に保育をみる関連的視点をおきました。主たる「産業」とその主導的な機構の変化を最上段におき，次にそれに規定される「生活関係・環境」（これは子育て環境を意味する）の変化をおき，その時代における「子ども・保育」の特徴を記してみました。そうしてみてくると，時代の中での子育て環境の変化を敏感にとらえて予防し，さらに課題を切り開こうとしてきた保育実践者の先見性（意図的に入れた飼育・栽培や異年齢保育など）が浮かび上がってきます。そしてそこから，自ずと今日の課題がつかめてきます。すなわち，今日の社会的保育は子どもとその親への支援も含まれているので，保育の課題として子どもには何が，また親には何が課題かがとらえられます。

　生活関係・環境の変化により子ども自身が自由に遊びにくくなると同時に子育てもしにくくなってきています。子どもの育ちはアンバランスになり，感性と身体と言葉が分離していく状況がみられ，親の生活も不安定になり，それは子どもの自己肯定感や自己信頼感を損ねることにつながってきています。

　そこから引き出される保育の課題は，子どもにとっては，①感性と知性，身体と言葉の統合の重視，②自己肯定感・自己信頼感・自己発揮，そして子どもなりの「コミュニケーション力」・変革主体の育成の2点に集約してとらえられます。親にとっての課題は，親の人間としての生き方とつながる子育ての共同を形成していく子育て支援であり，言い換えれば子育て主体として，市民としての，変

- 子どもの状況 ①体位・体力の向上──目立つ "体の"ゆがみ"
  　　　　　　②知的早熟＜人格的"もろさ"
- 日本における生活様式の変化──生活史的追体験の人格的保障

表 5-1 時代の変化と保育の創造（金田，2002）

	A	B	C	D	E
	1960		1980	1990	2000
産業等	農業が産業の中心	工業化の進行	情報化と高度工業化	高度情報化・国際化	IT化（超高度（情報化）、グローバル化
生活関係	○地域・家庭内で生産労働・家事労働が行われていた。	○都市化・人間関係の希薄化 ○核家族化（家族規模縮小）	○労働条件の変化 ○単身赴任 ○労働法［改訂］	○過労死多発 ○ボケベル ○携帯電話 ○超高齢化、少子化 →家族の多様化「バラサイト・シングル」概念の出現 →シングルマザーの増加、児童虐待の増加	○失業率増加、50代の自殺率増加 ○公衆電話の減少
	○地域・家族に教育・人間形成の力があった（自然との人間関係）	○生活の中から労働が消える ○時空間の窮屈化	○婦人の夜間労働 ○男性も1日の長時間労働の制限はずれる	→進行、保育・福祉の商品化の進行 →超高齢出産可能、クローン生物の出現、遺伝子組替え食品の問題 →規制緩和、フリーター増加	→進行（一方でビオトープ運動、共生の考え方の普及）
		○自然からの隔絶 ○能力の管理 ○情報の氾濫 ○デパート・スーパー	○自然破壊の進行 ○家事労働外注化 ○人格の管理 ○コンピュータ管理 ○キャッシュレス時代 ○コンビニエンス	→早期教育の過熱化 →学校5日制開始 →情報公開 →コンピューター →ゲーム各種 →完全キャッシュレス化の方向 →増加	→学級崩壊、総合学習導入 完全学校5日制開始、メディアの拡大 →コンビニの機能拡大（ATMも）ペイオフ解禁 →無人コンビニエンスの増加
子ども・保育関係	○あそびなかま・手伝いなど家からだのあそび	○意図的に飼育栽培を幼児保育に取り入れ、労働のあそびが減らされる。 ○タテワリ保育	○家事労働も参加的に保育に導入される「からだのあそび」がはずり ○異年齢集団保育盛ん	○家族のサポート機能重視 ○延長時間保育 ○多角的な交流 ○地域へ向かう保育の創造	子ども → 「気になる子」「切れる子」の増加 姿 →感性だからだ・ことばの分離 →不安定な親の生活を肩に担う自己信頼感の育ち不十分 保育課題 →感性と知性・からだとことばの統合（人格の統合）の育成 →自己信頼感・自己発揮・［社会力］変革主体へ「個の確立の基礎へ」 →子育て支援・量から質へ（生き方から）（生きがいへつながる共同の子育て支援へ）

○親たちは、どの時代に子ども時代をおくっていたのだろうか。

革主体としての育ちの支援ではないかととらえられます。この方向に向かうとき子育て支援は、すればするほど親をダメにするなどということは決してなく、その逆に人間中心の社会を創造していく担い手を増やしていくことにつながるものと期待できます。

[3] 子育て支援の課題と保育カウンセリング

上記[2]でみてきた子育ち・子育て支援の課題に、保育の中で応えるには、すべての子ども（乳幼児）と保護者をよく理解することが大切になります。何の問題もなくみえても、いつどういう問題が起こらないとも限らないので、子育て主体としての育ちあいへの視点は常にどの親子にも必要になります。しかし、「気になる子」「気になる親」に出会った場合にはさらに丁寧なかかわりが必要になるでしょう。

保育において「気になる」とはどんなことかについてとらえておきます。

保育者が「気になる親、子」とは、何らかの意味で、保育者自身のもつこれまで枠組みではとらえられない親や子どものことをいいます。その場合「気になる子」に例を取ると、保育者の枠組み自体が狭かったり、保育方法がその子の発達やその子のもつ特性に合っていなかったり、保育が充実したものでないために他の子がある子どもにちょっかいを出したりという、保育者と子ども達のつくる集団関係の中で起こる場合があります。この場合を、①保育ないしは保育者の側に要因がある場合ととらえます。もう1つの要因は、②養育する家庭や親あるいは頻繁な引っ越しにみるように養育環境にリスクが大きいなどの要因です。そして、さらにもう1つの要因が、③子ども自身の心身に何らかの個体的なリスクが生じている場合です。

①については、保育者の保育と関わって別に取り上げることにし

ます。①をいったん捨象して②と③をクロスさせると，4通りの状況がみえてきます（図5-3）。

この図は，子ども自身の要因を縦軸に，家庭・養育環境要因を横軸にとり，ハイリスクをもつ場合を「-」に，リスクがあまりない場合を「+」にし，その関連をもとにグループ別に支援を考える参考図として作成したものです。

このグループは固定したものではなく，それぞれの家族の危機や転機に対してさらに危機的な状況が積み重なると矢印（→）の方向に移行することがあります。矢印（⇒）の方向に向かう援助（リスクを取る，あるいは予防するという視点での援助）が的確であると，危機を乗り越える可能性が出てきます。

ここではそれぞれのゾーンにおける親子とりわけ子育ての主体としての親支援と保育カウンセリングの要点について述べます。

〈Aゾーンの親への支援の場合〉

本書の第1章に述べられている「カウンセリングの2つの方向性」と呼応させると，このゾーンの親にはどちらかといえば「教育的・開発的カウンセリング」（p. 6）が有効になるでしょう。別な言葉

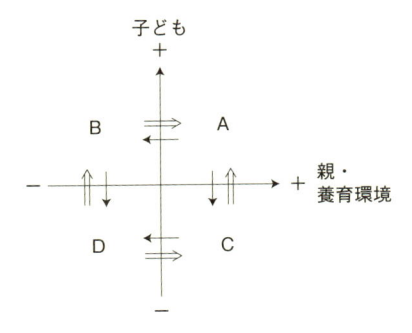

図5-3 子どもと親・養育環境の関連から見た問題の位置の座標
（金田・今泉・長崎, 2004）

Chapter 5　これからの保育カウンセリング

でいえば,社会教育的ともいえます。「教育的・開発的」といっても,指示的方法を意味しているわけではなく,その人のもっている力を発揮していくようにかかわっていることには変わりないのです。しかしこのゾーンの親に大切なのは,自らの問題を整理し,さらに他の,B,Cゾーンの人の助けになっていったり,親同士の仲間とともに,問題を解決し必要なことは社会に働きかけていくような主体形成に向けての支えという点で「教育的・開発的カウンセリング」が必要になるということです。

こうした前向きな取り組みを進めることによって,先の図でマイナスの方向へ引っぱろうとする力に抗していくことができます。また,リスクがない場合,ややもすると子どもを競走に駆り立てる親になっていかないとも限りません。自らの保育観を形成していく方向への援助も必要となります。

〈Bゾーンの親への支援〉

このゾーンは親・家族や養育環境にリスクのある場合です。リスク要因としては,「若年出産,人格障害,アルコールや薬物依存症,精神障害,知的障害,病気,頻回の転居,経済的困窮(サラ金を含む),離婚や死別,家庭不和,育児協力者がいない,要介護の家族がいる」など,親や家庭環境に何らかの「育てる力」を発揮できない事態がそれにあたります。

この場合は,本書の第1章で述べられている「カウンセリングの2つの方向性」と呼応させて考えると,「援助的・治療的カウンセリング」が必要になります。そして,自ら立ち上がる力を信じつつ受け止めると同時に,事柄によっては他の専門機関と連携していくことが不可欠になります。

〈Cゾーンの親への支援〉

このゾーンは,親・家族や養育環境にリスクはないが,子ども自身の側にハイリスクがある場合です。リスク要因としては,「先天

性障害，発達障害，病気，アレルギー」など，子ども自身に何らかの「育つ力」の弱さがあるなどがこれにあたります。

　この場合は，親自身はAゾーンの場合に匹敵しますが，子どもの問題は，親の精神状況を不安定にさせていく要因になるので，親自身の主体性を育てつつ「援助的・治療的カウンセリング」が必要になります。障害など子どもの状況を受け止めていく力の育成を援助するとともに医療的な専門機関との連携が重要になります。

〈Dゾーンの親への支援〉

　このゾーンはBとCの両ゾーンが結合されたもっとも厳しい状況下にある場合を指します。この場合はしっかり受け止めると同時に，必要な関係機関と十分に意思疎通し，カンファレンスを通して対応していくことが不可欠になります。その際も日常的に子どもの保育にあたる保育所や幼稚園は生活と発達に責任をもつ機関ですから親子を総合的に支援する機関になることが求められます。

[4] 子育て支援における保育カウンセリングの特徴

　本書の第1章において「保育カウンセリングとは」という項があります。そこでは保育カウンセリングの対象として「子どもの発達支援」「保護者への支援」「保育者への支援」の三者を，また，かかわる人的資源としては，「カウンセラー・セラピスト」「保育者」「保育カウンセラー」「保護者（ピアカウンセリング）」をあげています。さらに保育カウンセリングの特徴としてスクールカウンセリングとの違いをもとに2点の特殊性について抽出しています。1つは「対象者の発達課題の違い」であり，2つは「養護と教育という視点で展開される活動である」点について指摘しています。

　ここでもう1つ整理しておく必要があります。保育カウンセリングの「保育」という言葉は「学校カウンセリング」のような「学校」という機関におけるカウンセリングではなく，教育・養護が総合的

に展開される「保育」という営みすべての中で行われるカウンセリングであり，0歳から18歳未満を対象として行われる「子育ち・子育て支援」の一部をカウンセリングという立場で担うものと考えます。この点から，主な保育対象年齢は0歳から就学前の乳幼児ということになります。

このように，保育カウンセリングの対象を乳幼児期という視点からとらえることで，子育て支援全体の中における守備範囲が明確になると思います。保育カウンセリングが子育ち・子育て支援という施策とどのステージでどのレベルで連携し協働していくか理解しやすくなると思います。

上でみたように「人的資源」の中には，「保育者」と「保育カウンセラー」等が並列にならべられています。第1章15ページの図には，中央教育審議会の考え方として，保育カウンセラーの役割は保護者への専門的援助の他に幼稚園教員や保育所保育士への専門的援助がその役割になっています。

ここで，押さえておきたいのは，保育カウンセリングを行うのは保育カウンセラーだけではなく，保育者はもちろん，保護者同士のピアカウンセリングなども含めて，保育の営み全体の中で行われるのが保育カウンセリングであり，その中である専門的な役割を担うのが保育カウンセラーだということです。

これらを総じて，上で述べてきたことと関わらせて保育カウンセリングの特徴を述べて本節の結びとします。

子育ちの主役は子ども自身ですが子育てのもっとも身近な責任者は親双方（保護者）であるという視点に立って，国や地方公共団体の責任を具体的に担うのが保育者です。[3]の中で子どもと保護者の問題をA，B，C，Dゾーンに分けてとらえてみる視点について保育者の親支援のあり方について述べてきました。そこには当然育ちの主体である子どもが含まれています。また，さまざまな専門機

関・専門家と連携していく場合にも保育の場において，子どもの丸ごとの生活に，言い換えれば養護と教育が不可分に結合している保育に責任をもっているのは，保育機関・保育者であり，保育機関・保育者はより専門的力量をもった「保育カウンセラー」の力を活用しながらも，その連携の中核としてコーディネーターになる必要があるといえるでしょう。

2. 保育カウンセラーの育成

　保育カウンセリングの中での保育カウンセラーという専門職を保育者と別に置くのか，保育者が兼ねるのかなど，今日は討論途上です。しかし，特別支援教育の流れで2007年度より，幼稚園に保育カウンセラーが試行的に置かれています。その位置づけが第1章の図1-3（p.15）に示されたものです。もし保育カウンセラー的な専門職をつくっていくのであればどのようなことを大切にすべきかなどについて述べることとします。

[1] 保育カウンセラー的役割の必要性と配置の現状

　「保育カウンセラー」という職種は今日まだ試行段階であり確立されているとはいえません。そこでカッコを付して用い，保育カウンセラー的役割の職種とすることにします。けれども実際には「保育カウンセラー」的な役割を何らかの資格をもった，あるいは経験豊かな専門家が，さまざまな形でたずさわっているということもまた事実です。

　その役割には，内側から保育者自身が臨床発達心理士等の資格をもつなどして，保育所や幼稚園，子育て支援センター等の支援機関の中でその役割を果たしている場合と，自治体等の事業として臨床発達心理士他心理系の資格をもった，あるいはその道で蓄積のあ

る専門家を外部から巡回相談という形で派遣している場合があります。後者の場合，正規職員として自治体が雇用している場合は少なく，嘱託という形でパートタイムとして採用しているか，兼業者を非常勤で依頼しているかのどちらかが多い状況です。

保育所を例にあげますと，そこには実際に保育にあたる者と管理部門を司る園長等の他に，看護師，栄養・調理師，用務員等さまざまな職種の人達で運営されています。その中で，まだしっかりと位置づいていないにもかかわらず，必要性が高くなっている専門職が「保育カウンセラー」的役割とソーシャルワーカーではないかと思われます。

なぜなら，今日「気になる子」といわれる子どもが増えてきており，その場合をさらに分析すると，前節の図5-3に見るC, Dゾーンおよび B, Dゾーンにある子どもに分かれており，それらへの支援が急務だからです。すなわちC, Dゾーンのように子ども自身に何らかの弱さがある場合，保育における発達支援の専門家が必要になりますし，B, Dのように親の心身や生活自体にリスクがある場合には，親を含めた生活支援の専門家（ソーシャルワーカー）が必要になってくるからです。

保育カウンセラーという資格を確立していくか，臨床発達心理士のような有資格者の中でとくに保育によく通じている人材を向けていくかなど，その資格について，議論を進めていくことが求められています。

この節では，まず，こうした議論が今日，保育界や臨床・発達関連学会でどんな議論がされているかについて触れます。つづいて，どういう制度が必要かという制度論の前に今求められている「保育カウンセラー」的な能力・資質はどのようなもので，その人材をどう育成していくかについて提案したいと思います。

[2] 関連学会における動向と保育現場で求められる専門性

1）問題関心　　もっとも新しいところでは，2008年3月末に行われた日本発達心理学会において「これからの保育支援の方向性を探る―保育アドバイザーに求められる専門性をめぐって―」というシンポジウムで，直接にこの問題を取り上げています（日本発達心理学会発表論文集, 2008）

そこで，そのシンポジウムには日本保育学会から，日本臨床発達心理士会から，また国の行政機関で保育支援事業にたずさわってきた立場の三者からの提案がありますので，ここからとらえられる動向をあげてみたいと思います。

企画趣旨は，「特別支援教育の流れで幼稚園に保育カウンセラーが試行的に置かれたが，学校のスクールカウンセラーを幼児期におろすというとらえ方では，今後の保育支援の専門的質を維持していくのは困難」ではないかという認識と，同時に「保育所に障害児保育事業として自治体ごとに保育を支援する体制が継続しており，今後もこの内容の充実が求められる」という2つの認識のうえに立って，これからの保育支援の方向を探ろうとするところに置かれています。

ここからは，乳幼児期の特徴を踏まえ，保育という営みを大切にした支援のあり方を探ろうとしていることが読みとれます。

つづいて「これらの保育を支援する専門家についても保育カウンセラー，保育コンサルタント，保育コーディネーターなどさまざまな名称が使われていますが，ここでは保育アドバイザーを使用し，幼児期における発達支援の専門性についての共通理解と相互理解を深めたい」と述べられています。

ここからは，1つには，上記のように小学校以上の学校カウンセラーとの違いを明確にするためにも，支援専門職の名称にも，簡単

Chapter 5　これからの保育カウンセリング

に決めてしまうことへのこだわり（抵抗感）をもっていることがわかります。またもう1つわかることは，この職種に求められることは発達支援の専門性であるとおさえている点です。

　本書では名称は「保育カウンセリング」という用語を使用していますが，スクールカウンセリングと異なる保育カウンセリングの特徴（保育カウンセリングの特殊性，第1章，pp.12-13）や保育カウンセリングについては便宜的な定義はしつつも明確な定義はしていませんが，発達上の問題解決と発達促進に関わる援助的なはたらきかけと発達に関する2つの視点をあげていることから発達と深く関わる内容（保育カウンセリングとは，第1章，p.8.）であるとしており，上記シンポジウムでの問題関心と一致しています。

　それでは，関係者達は，保育実践現場で求められる保育アドバイザーの専門性とはどのようなものとしているかについて取り上げましょう。

2）日本保育学会の場合—保育実践現場における専門性—

　中央教育審議会がその必要性を示唆した「保育カウンセラー」制度について，内部に「保育カウンセラー制度検討委員会」を設置しましたが，その責任者であった柴崎正行氏は，この検討委員会での結論を次のように述べています。「現在小学校や中学校で行われているような診断と個別相談を中心とするカウンセラー制度を下におろすような形態では，保育所や幼稚園における保育実践的な問題に取り組んでいくことは困難であることが明らかにされた。むしろ保育実践現場では生活や遊びを共にしながらの取り組みが必要であること，またそのためには，以下のような条件が相談者の専門性として求められるということが示唆された」と述べています。専門性の前提としての条件とは以下のような4つの内容です。

　①保育所や幼稚園での保育実践に対して理解があること。
　②保育者と協働的に問題に取り組めること。

③地域の保育や相談の専門家とのネットワークがあること。
④ひとりの専門家がすべてに対応するのでなく，園からの相談内容に，より多様な専門家がアドバイザーとして派遣されること。

そして現在ではその検討のうえに立って，「保育相談制度検討委員会」を立ち上げて保育現場が望む相談者の専門性とその養成をどう進めていけばよいかについて，他の学会や団体との連携のあり方も含めて検討している段階にあります。

3）日本臨床発達心理士会の場合―生涯発達においてみる専門性― ここでは上記シンポジウムでの同会の幹事長である本郷一夫氏の報告概要より把握したところを中心に述べています。同会では，乳幼児だけではなく，人間の生涯の発達支援を目指しています。「現代社会が抱える問題の実践的理解と具体的解決策の提案を目指して，5つの『実践研究プロジェクト』（①育児支援，②保育支援，③特別支援教育，④思春期の社会的適応，⑤成人・高齢者）を実施している。『これからの保育支援の方向性を探る』というシンポジウムのテーマと『保育支援』の研究プロジェクトとは密接に関わっている」と述べています。「しかし」と次のことが強調されています。「保育支援が保育の場における子どもの適応支援にとどまらず，子どもの将来を見通した発達支援であること，子どもだけでなく保護者への支援も含むこととすれば，5つの実践研究プロジェクトの各々と関わるテーマだと考えられる」と生涯にわたる見通しと子育てにかかわる大人とのかかわりもまた支援者の専門性の中に入ってくることに注意を向けました。その能力としては，「子どもを理解する専門性」と「コンサルテーションの専門性」に分けてとらえることができるとし，それぞれに求められる資質について，次のように整理して提起されました。

「子どもを理解する専門性」については，①「子どもの個体能力のアセスメント」はもちろんそれに留まらず，②「個人を集団の中

に位置づけてとらえるアセスメント」さらには，③「子どもを取り巻く人的・物的環境のアセスメント」を通した過去からの育ちの経過を踏まえた子ども理解の必要性について提起されました。

「コンサルテーションの専門性」については，①子どもの保育，養育にたずさわる人々に子どもの発達理解を伝え，②適切なはたらきかけが実行されるような環境を整備し，③保育アドバイザー自身が行った支援を自ら評価できる能力，があげられました。

養成についての見解も出されましたが，この件については次の項に譲ります。

4）保育の内側からの援助と外側からの援助の関係

国の行政機関の責任者として子育て支援事業にたずさわってきた小田豊氏からは，まとめてみると次のような問題提起がなされました。

保育者は子どもと生活するなかで自分自身が子ども一人一人との信頼関係をつくり出そうと，一人一人の子どもが今感じていること，思っていること，何を実現したいと思っているかを受けとめその課題と自ら立ち向かってこえていこうとしています。そうした保育の中でのカウンセリングマインドをもった適切な援助が求められるのですが，このような保育実践に即した援助の方法と，園内の相談活動や専門家によるカウンセリングにおける援助とは同様のものと考えていいのだろうかという課題が投げかけられました。

本節においてはそのことを受けとめ考察は次節の課題にしていきます。

[3]「保育カウンセラー」的役割の担い手の育成

本書は『保育カウンセリングの原理』であり，既に保育カウンセリングという名称を使っています。保育カウンセラーというか保育アドバイザーというか，名称はともかく，これまでにみてきたよう

2. 保育カウンセラーの育成

な役割の支援者は必要です。それを本書では保育カウンセラーとよんできています。

それではこのような専門家はどのように育成したらいいのでしょうか。内容としての実力をつけることと、制度としての資格を付与することの両面が必要になってきます。制度をどうしていくかは次節で取り上げ、この節では内容面の力量をどう育てるかに限ることにします。

今日の実際面はどうなっているかというと、臨床発達心理士（同認定機構によって一定の審査の過程を経て取得できる）が中心に保育支援に巡回相談などで入っていることが多いように思われます。

その他の資格の方も、それぞれの資格者が保育理解へ個人的な努力をしていると思われますが、ここでは会として保育カウンセリング的な役割・保育支援に力を入れ保育理解の研修に取り組んでいる臨床発達心理士の場合について取り上げます。そして保育カウンセラー独自の資格の可能性については次節で取り上げることにします。

この資格には、「育児・保育現場での発達とその支援」が5つの領域（「総論」「認知発達とその支援」「社会・情動発達とその支援」「言語発達とその支援」「育児・保育現場での発達とその支援」）の中に位置づいており、所定の単位が必要になっています。

しかし、発達アセスメントなど発達理解についての学びはかなりしていても保育の学びが不十分な場合が多いのではないかと思われます。したがって発達検査を使って発達を診断したとしてもそれを保育につなげていくことのイメージのわかない場合があるとすれば診断は意味をもたなくなってしまいます。

先にあげた本郷氏は、保育アドバイザーの資質として、①子どもの発達の理解、②臨床発達心理学的なアセスメント、③コンサルテーションの技法などの研修に加え、④保育の目標と保育の場の理

解を深めるような研修が必要だと述べています。

　保育者自身あるいはかつて保育者だった人がこの資格を取ったのではない場合には，特にこの④の研修が不可欠になります。

　この会では先にあげた5つの領域別科目群とは別に，これも先にあげてありますが，発達期を中心に区切った5つの実践研究プロジェクトが立ち上げられて，既に資格をもっている者を対象にそれぞれに研修会が年に2～3回行われています。その中で，保育支援の研修会は，育児支援と一緒になっていたのですが，社会的保育の理解なしに保育における発達支援はできないのではないかというところから，2007年度より年に数（2～5）回ずつはじめられたところです。以下は2008年度1回目の研修会です。

　こういうように，発達心理系の学びと保育系の学びを結合していこうと努力されてきています。また，参会者のワークショップがあるのですが，最近では保育者で臨床発達心理士の資格をもつ者が増えてきていて，保育者も含め多様な職種の人が共に学び合え，大変勉強になったという感想が聞かれました。

　筆者はそのコーディネーターの一人になっています。2008年度1回目の研修は資料のように2日間かけてすすめられました。参考までに示します。

　この他保育者の養成段階においても，保育士と発達関係の専門家の対等なかかわりによってどう乳幼児の発達を支援していくかについて基礎的な理解ができるようにしていくこともこれからの課題でしょう。

資料　テーマ別・シリーズ研修：保育支援①「変わりゆく保育現場が求める発達支援」（日本臨床発達心理士会，2008b）

【1】研修概要
○本研修会で学習できること
1. 変わりゆく制度施策の実態と保育の現状を学ぶ。

2. 就学前までの子ども理解を発達的観点から再構築する。
3. 保育の場に即して育ちゆく子どもの理解を深める。
4. 保育現場での共同作業としての臨床発達心理士の専門性のあり方を検討する。

【2】研修趣旨
保育支援シリーズ研修では「保育の中での発達支援」を様々な角度から研修します。今回の企画である保育支援①では，保育支援実践において，子どもの発達の土台となる保育との関係をどのようにとらえるのかを研修します。保育現場の背景としては，幼稚園教育要領の改訂，保育所保育指針見直しなど，変わりゆく施策の読み解きのポイントを学びながら幼児期の保育教育の方向性をみさだめます。それらの知識を前提に，保育における発達アセスメントについて，特に生活と障害と発達の関連から捉えていきます。実践的な問題提起から学び，それを踏まえた臨床発達心理士の役割や専門性について相互に研修を深めます。

```
＜研修コーディネーター＞
秦野悦子（白百合女子大学）　金田利子（白梅学園大学）
```

第一日目

午前	保育現場の広がりをどうとらえるか	金田利子（白梅学園大学）
	幼稚園教育要領・保育所保育指針改定と保育のこれから	清水民子（平安女学院大学）
午後	保育の中で生活・発達を支援する視点	金田利子（白梅学園大学）
	保育の中の子どもたち	友定啓子（山口大学・元山口大学附属幼稚園園長）

第二日目

午前	子どもの発達する時間としての幼児期	麻生 武（奈良女子大学・元奈良女子大学付属幼稚園園長）
午後	グループワーク　保育における発達アセスメント ：生活・発達を支援するために	

いずれも大阪大学吹田キャンパス

3. 保育カウンセリングの啓発活動

　保育実践の内側の支援者と外側の支援者のかかわり，保育者と臨床発達系の専門家との対等なかかわり，また，もし保育カウンセラー

あるいはアドバイザーのような資格を独自に作るとしたら、どういう方向が考えられるかなどについて、今後どんなことが可能かなどについて述べたいと思います。

[1] 必要性の再確認と導入の方向性―役割のレベルに着目して―

「子育て支援」という言葉が保育界に登場してかなりの年月が経過しています。これは、周知のように、日々家庭で子育てのもっとも身近な責任者である親がわが子を育てることへの支援を意味します。

ところで、本章1節で述べたように、子育てのもう一方の責任者は国と地方公共団体です。国や地方公共団体の責任で国民・市民の子どもたちの保育を担う場が保育所・幼稚園にあたります。

私立であっても、認可されていれば保育所の場合は国と自治体と保護者が一定の割合で財政的にも責任をもち合ってきているからです。幼稚園の場合でも私学助成他の補助金が出ているからです。

では、その保育所・幼稚園（園と略記）での保育については支援しなくてよいのでしょうか。

保育者は、専門家であり、仕事として賃金を得て行っているのだから、支援は必要ないのでしょうか。あるいは保育者間で相互に相談し合えば支援はいらないのでしょうか。

いいえ、そうではありません。保育者の仕事は多岐にわたっています。すべてに堪能な訳にはいきません。多くの園では、一人一人得手をもち、得意な点をその園の、あるいは保育者集団の、その道での責任者になってリードしていくように工夫されてはいます。保育内容面ではとくにそうなっているように思われます。けれども、発達をどう見るか、障害をどう見るかなど、園には、保育者とは必ずしも専門性の一致しないもう一つの専門をしっかり学んでこない

と適切な判断が難しいという問題もあります。

　子どもを理解するには，生活と発達と障害の視点でとらえてみることが不可欠です。社会関係が複雑でない時代には保育者がすべてをとらえることもできていました。しかし，今日子育て環境が悪化し，保育者には総合的な力量が必要であると同時に，また，より専門的な視点が必要になります。発達・障害の専門家の他に，本章2節でも触れましたが，生活の専門家すなわちソーシャルワーカーもまた必要になってきていると思います。

　しかし，ソーシャルワーカーの必要性については，テーマが異なりますので，別の機会に論じることにし，ここでは発達・障害関係の専門家の必要性と「保育カウンセラー的役割」の保育機関における役割のレベルについて考えてみたいと思います。

　発達理解・障害理解をもって保育を進めるこれからの保育には次の3つのレベルの専門性が必要になるように思われます。

　このレベルは決して保育カウンセリングの質の高低ではありません。ちょうど，医療で，患者により身近な順に第一次医療，第二次医療，第三次医療といっているように，子どもの全体的な生活により身近に関わる順に第一，第二，第三としています。

　第一のレベルは，保育者が日々の保育において発達・障害についての理解をもちつつ，子どもに寄り添うカウンセラー的素養をもつことで，保育の場における理解者として，すべての保育者に求められる資質です。

　第二のレベルの専門家は，園内にいて発達や障害に関する責任者となるのにふさわしい存在です。内部でしっかりと子どもの発達やそのつまずき，そしてはたらきかけによる変化など，発達と保育・教育の関係的な経緯をしっかりファイルし，方針を提案し皆で深めてまとめていく責任者としての存在です。そして第一のレベルで保育に責任をもっている保育者とは，それぞれの専門性の基に，日々

の保育の側からと子どもの発達・障害の側からとが対等にコンサルテーションを行う立場でもあります。この場合は，保育職の上に専門性を積んだ専門家・保育者に，何らかの資格を付与することで可能になります。

　第三のレベルの専門家は，保育についての素養をもちつつ発達・障害のより深い専門性をもっていることが望まれます。この場合，保育者と兼ねるものではなく，発達・障害に関する専門家であり，園に常駐することも園の体制によっては可能ですが，園に常駐しない体制であっても，第二のレベルの保育者兼発達・障害の専門家の相談に応じつつ，保育については第一のレベルの保育者が中心となって，三者が対等にカンファレンスしていけることが，期待されます。

　現状では，第一のレベルの方向は養成課程において，力が入れられています。第二のレベルについては，保育者で，臨床発達心理士などの資格をもって，園の中で役割を果たしている場合がだんだんに増えてきています。しかし，この場合，保育の担任をもたずにその仕事に専念できている場合はきわめて少なく，保育者として一人分の保育を担当しつつ，園の分掌の一つとして担っている場合が大部分だという現状にあります。

　第三のレベルでは，保育職としてではなく，園に入りつつこの役割を果たしている場合も皆無ではありませんが，きわめて稀な例だといえます。比較的多いのが市役所から派遣の形で訪問する巡回相談などでしょう。しかし，巡回相談も相当普及はしているものの，全体からみるとまだまだ限られた地域でしかありません。

　これから必要なこととしては，それぞれのレベルにおいて次のようなことがいえると思われます。

　第一のレベルの保育者にはカウンセリングマインドをもちつつ，保育者としての実践力を含めた専門性を鍛えていくことが求められ

ましょう（金田, 2007）。

　第二のレベルの場合，専門職として位置づけられるような研鑽を積むとともに，一方では関係者とともにその予算化を求めていくことが必然になるように思われます。

　第三のレベルの場合は，保育についてよく理解しつつ発達相談に深い洞察力と力量が求められます。保育の専門家である必要はなく，むしろ相対的に独自な力をもっていることが求められますが，そのうえで，保育についての理解をより深めていく研修が必要になるといえましょう。

　ここで本章の1節に述べたことと呼応して国や地方公共団体の責任について考えてみたいと思います。

　「国及び地方公共団体は，児童の保護者とともに，児童を心身ともに健やかに育成する責任を負う」（児童福祉法第2条）をみると，こうした専門職がいないことは，子育てが難しくなっている今日，児童の育成に責任をもっているとはいえないのではないかという状況にあります。

　保育現場におくべき職種としてその最低基準に上記の第二や第三のレベルの専門家が位置づいてないために，そういう職種を置いている場合も，園独自の自己努力で行っているにすぎないからです。

　また，巡回相談についても多くの場合，臨床発達心理士等が嘱託や非常勤など身分の不安定な職種としてしか位置づいていないという問題があるからです。

　これらの問題を解決する方向を求めつつ目の前の保育を子どもの発達に即して変容させていく努力を保育者と発達・障害の専門家が保護者や他の関係者と手を携えて追求していくことが急務ではないかと考えます。

Chapter 5 これからの保育カウンセリング

[2] 「保育カウンセリング」という名称について

「保育カウンセリング」という言葉を文字どおりとらえると、保育自体についての相談ということになります。しかし、保育は保育者が専門家として行うのであり、子どもの発達や障害などについてかなり詳しいからといって、保育の責任者でない者が保育の相談にのるなどというおこがましいことを指しているのではありません。保育アドバイザーあるいは保育カウンセラーは「保育の場における臨床・発達支援者」ということになると思います。

本章1節で述べたように保育カウンセリングは、保護者のピアカウンセリングも含め、保育の責任者として保育カウンセリングの第一のレベルの保育者が保育に責任をもつなかで対等な立場ですべての保育関係者とのネットワークを密にして、関係者が全員でかかわって行われるものです。

そして、保育カウンセラーとしての専門家は、本章の2節で紹介した本郷氏の報告のように、乳幼児のみではなく、思春期にも、成人や高齢期の発達支援にもかかわり、また特別支援や育児支援にも視野を広げている必要がありますが、相対的にみれば、保育機関にかかわる専門家だといえます。それは、今日の臨床発達心理士更新講習の「保育支援」プロジェクトが進めている分野により近い専門家ではないかと思われます。言い換えれば、上記の第二レベルと第三レベルを担う専門家にその名称を付与して、それにふさわしい研修を積み重ね、第一レベルの保育者と連携して保育現場に寄与できる働きをしていくことを期待する職種と考えられるのではないかと思います。

[3] 保育者と「保育カウンセラー」とのかかわり

保育者は保育の担い手で、子どもの生活に最も身近という点で保育カウンセリンの第一レベルにいる保育の専門家です。保育カウン

3. 保育カウンセリングの啓発活動

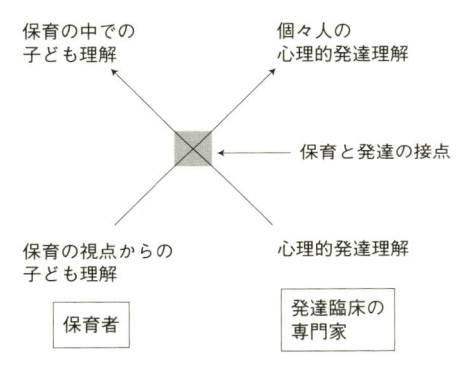

図5-4 保育者と「保育カウンセラー」とのかかわり

セラーもまた，本章2節で紹介した柴崎氏の報告のように，保育の流れの中で発達的支援がどう必要かを問われる必要があります。

では，両者はどのような関係にあったらよいのでしょうか。

ここでは，次のような提案をしたいと思います。

まず，保育者と発達臨床の専門家は別の働きをもち，保育者は集団の保育に共感と自立の接点を求めてかかわる立場から出発し，細い理論的発達理解へと学んでいき，かたや発達臨床家は個別の発達理解から保育の視点へと学んでいきます。両者は専門家としての学びの道筋が異なります。しかし，両者の学びが発展し2つの線が交差したとき，発達臨床の専門家は単なる発達臨床の専門家ではなく「保育カウンセラー」としての力量をもつことが可能になります。保育者は発達・障害により詳しい保育者となることができ，臨床発達心理士の力もあわせてもつことが可能になり，この入り口からも「保育カウンセラー」としての力をつけていくことができます。

保育カウンセラーは単なる臨床発達心理士ではなく保育理論への訓練を経てはじめて可能になると思われます。この道を選ぼうとする人が保育から学ぼうとしていくときそのように育っていく可能性

をみることができます。

　方法としては，まず，保育は上でいう第一レベルの保育者の責任で行います。発達臨床家は観察参加して保育が終わってから意見を交換し互いに学び合います。

　発達臨床の専門家と保育者が双方に相当の力量になってきたときには2つの線が交差し，上のように育つことができます。育ってきても，保育はあくまで保育の責任者に任せ，学び合いさらに保育に返し，両者が相互に育っていくことになります。

　なぜ，このような方法が必要か，ここに筆者も間接的にかかわってきた静岡市の発達支援の広場「まほろば」の事例（次ページ）を紹介し考え合っていく材料にできたらと思います。

　この事例ははじめ発達スタッフ（臨床発達心理士）も保育に入っていたことがあるのですが，その際のものです。ここにあげるようないくつかの事例をとおして，保育においては，発達スタッフ自らが反省し，観察参加者の立場を取る方向に切り替えてきました。

[4] 討　論

　以上，本書における終章として第5章では，1節で子育て支援全体にとって保育カウンセリングとは何か。スクールカウンセリングとの違いはどこにあるかなどについて述べました。2節では保育カウンセラーという呼び名はともかくそうした役割は必要とされていること，そしてその担い手にはどんな力が必要か，どんな養成が可能か等について記しました。3節では必要性の再確認と，導入していくための課題とその克服の方法，そして保育者との関係の相互学び合い，相互発展的関係について論じました。

　ここではそれらをふまえて，この役割を資格としたとき，これまでにある臨床発達心理士を土台にしてそこから，保育実践に発達臨床家として3節［3］で述べたように，保育者と役割の違いを明

3. 保育カウンセリングの啓発活動

事例1：A男（4歳）

牛乳パックを下から3分の1のところで切った物を広告紙で包もうと試みる。何度も試みるが包めない。なんとしても包みたいという気持ちを大切にしたいと考え，発達スタッフYはしばらくようすをみていたが，

Y：「A君，紙で包みたいの？」

A男：包む手を止めず，包みながらうなずく。

Y：「あっちから，大きい紙をもっておいで。」

A男：引き出しから大きい広告紙を出してきて，牛乳パックを包み，セロテープでとめた。

発達スタッフの視点 （Yはこの例での発達の専門家）	保育スタッフの視点
・YはA男が生活のなかで，「大」「小」という対象間の関係概念を獲得できているかどうか，子どもの反応をみたかった。 ・Yの報告から，他の発達スタッフもAの関係概念の発達のようすを把握していた。	A男が牛乳パックを包めないでいたとき，「大きい紙をもっておいで」という声がけではなく，Aがその紙では牛乳パックが包めないことに気づくことが保育では大切。
保育スタッフの視点から，結果にとらわれ，指示的にことばを掛けてしまい，A男の気づきを待てなかったことに気づかされた。	発達スタッフの視点から，A男の発達年齢おいては，認知発達の，大小・長短・軽重の対象間の概念形成が課題であることに気づかされた。
【今後の課題】A男が自ら気づき，自己主張できるあそびや生活の中に，発達課題を意識してかかわる。	

事例2：B子

どんぐりをつかって，ペンダントづくりをしている。はかまの部分にひもをつけたいが，ガムテープではすぐとれてしまうし，見た目も悪い。発達スタッフYに，

B子：「つけて。」とどんぐりとひもをさしだす。

Y：「ここに穴をあけてひもを通そうか。」とはかまの部分を指さす。

事例

B子：うなずく
Y：穴をあけ
B子：ひもを通す
Y：（はかまと実を）「ボンドでつけようか。」とボンドをもってくる。中身が固まっていて，出てこない。
Y：ボンドの容器をB子の顔に向け押す。風がでる。
B子：「においがする。」
Y：「ファフファフ」といいながら，何度も容器を押してB子の顔や手足に風を送る。
B子：にこにこする。
Y：容器をB子に渡す。
B子：何度も容器を押して，自分とYの顔に風を送る。
Y：「他の人にもファフファフしてこようか。」
B子：他のスタッフの顔に容器を向け，風を送る。

＊B子は，全体的には年齢相応の力を持ちながらも，自分から他者に要求や想いを伝えることに苦手なところがある。

発達スタッフの視点	保育スタッフの視点
Yは，B子が，五感を使って楽しそうにしているようすをみて，その楽しみを他者と共有するように，働きかけを指示した。	楽しいこと（あそび）を他者と共感して楽しめるかどうかが大切。何をやりたいか要求がことばにできないのであるから，Yが「他の人に…」と働きかけるのではなく，B子自身から，楽しさを他の人に伝えたいと思い，行動できる力を育てる。
保育スタッフの視点から，指示的なことば掛けによって，自発性のひろがりがなくなり，あそびが欠如することに気づかされた。	発達スタッフの視点から，認知発達面では問題がみられないことに気づかされた。
【今後の課題】B子を認めてくれる仲間（他者への安心感がもてる居場所づくり）のなかで，B子自身の意思で行動できるようなあそびや生活をつくりだす。	

事例（つづき）

確にしつつ相互に学び合いながらかかわりつつ育っていけばよいのか，臨床発達心理的力量とは別に，同じく3節［3］で述べたような保育との結合が十分に可能になって初めて付与するようにするのか等，議論のあるところになりましょう。

いずれにせよ，「保育カウンセラー的」な保育の伴走者の存在は不可欠です。保育機関は生身の乳幼児の生活と発達の場であるだけに，不断に省察的に展開されなければならなりません。資格が一人歩きして資格に頼る傾向が出てはよくないゆえに，保育の側からと発達臨床の側との発展的相互理解・批判的学びあいが必然です。そして，ソーシャルワーカーなど新たな保育関係職の導入の先駆けとしても，3節で述べたような課題を克服していくことが今急務の課題だといえましょう。そしてその解決のために関係者が努力し，その過程をまた理論化して，本書等の実践的理論書もまたふくらましていき，さらにまた実践するという螺旋系の運動を，気づいたところから始めていくことではないでしょうか。

日本の子どもたち一人一人の発達・内面がより的確に理解され，生き生きと育っていけるために，そして保育所・幼稚園等の保育機関が子どもの育ちの総合的なセンターになれるために。

引用文献
金田利子（編著）（2003）．育てられている時代に育てることを学ぶ　新読書社　p.26.
金田利子（2002）．今こどもたちに育てたいものと保育施設の役割　保育学研究, **40**（1),165-170.
金田利子（2007）．カウンセリングマインドと保育実践　伊志嶺美津子（編著）保育カンセリング講座　pp.59-96.
金田利子（監修）今泉依子・長崎イク（編集）静岡発達科学研究会（2004）．地域で親子をどう支えるか　三学書房　p.156.
日本臨床発達心理士会（2008a）．日本臨床発達心理士会実践プロジェクト

「保育支援」 企画：山崎　晃・秦野悦子　「これからの保育支援の方向を探る―保育アドバイザーに求められる専門性をめぐって」日本発達心理学会第19回大会発表論文集, 126-127.

日本臨床発達心理士会（2008b）. テーマ別・シリーズ研修：保育支援①「変わりゆく保育現場が求める発達支援」　日本臨床発達心理士会主催資格講習研修会案内

山崎みよ子（2003）.「軽度発達障害児の保育における発達支援プログラムのあり方について――保育学と発達心理学の接点としての臨床発達（心理）学への取り組み」　日本保育心理学会第56回大会発達論文集, 228-229.

条件反応　39
衝動　116, 120
職業指導運動　20
自立への方向　63
人格化　64
親権者　188
人的資源　198
新版 S-M 社会生活能力検査　177
心理療法　6, 22
スーパーバイザー　146
スーパービジョン　23
スクールカウンセラー　14
スクールカウンセリング　16
スクリーニング・テスト（screening test）　171
スクリブル　77
スクリブル法　77
スケーリング　99
ストレンジ・シチュエーション　55
スペシフィック構成的グループエンカウンター　152
生活支援の専門家　200
生活的概念　128
生活と発達と障害の視点　209
制限　90
精神衛生運動　20
精神間機能　127
精神測定運動　20
精神内機能　127
生物学的な準備性　40
絶対的依存　63
セルフモニタリング　140
前意識　26
前操作的思考の段階　48
選択性緘黙　90
選択理論　91, 94
戦略理論　74
早期教育　116

相互発展的関係　214
創造的音楽療法　84
相対的依存　63
ソーシャルスキル　137
ソーシャルワーカー　209
育てるカウンセリング　6

た
第一次医療　209
第一反抗期　165
体系化　128
退行　29
第三次医療　209
対象関係論　62
対象と関係をもつこと　64
対象を差し出すこと　65
第二次医療　209
代理強化　42
ダウン症　85
脱錯覚　66
短期療法　96
注意欠陥多動性障害（ADHD）　166
超自我　29
治療教育　119
治療契約　97
治療的カウンセリング　162
治療目標　98
津守・稲毛式乳幼児精神発達診断法　172
TK 式幼児発達検査　174
テスト・バッテリー　170
デモンストレーション　155
転移　32
纏綿家族　72
道具的条件づけ　38, 40
統合保育　7
洞察　32, 89
トークンエコノミー法　41

索 引

特別支援教育　7

な
内的作業モデル　54
内発的動機づけ　92
人間学的アプローチ　112
人間関係スキル　137
認知行動療法　43
認定カウンセラー　18
ネットワーク技法　75
能動的音楽療法　84

は
パーソン・センタード・アプローチ　37
ハイリスク　195
バウムテスト　78
箱庭療法　79
パスする権利　157
発達アセスメント　205
発達援助　161
発達課題　50
発達検査　168
発達障害　165
発達・障害関係の専門家　209
発達スタッフの視点　215
発達相談　161
発達段階　47
発達の原理　46
発達の最近接領域　128
母親の原初的とらわれ　65
パラドックス技法　74
伴走者　217
ピアカウンセリング　23
非言語的技法　75
ビデオ自己評価法　138
ビデオ保育カンファレンス　145
描画療法　77
広場恐怖　40
ファシリテーター　147
不安障害　40
風景構成法　78
ブリーフ・セラピー　96
プレイルーム　88
保育アドバイザー　201
保育アドバイザーの資質　205
保育カウンセラー　11, 199
保育カウンセラー制度検討委員会　202
「保育カウンセラー」的役割　204
保育カウンセラー的役割　199
保育カウンセリング　8
保育関係職　217
保育施設の役割　192
保育実践者の先見性　192
保育者　11, 189
保育所保育指針　4
保育スタッフの視点　215
保育の課題　192
保育の場における臨床・発達支援者　212
防衛機制　29
保護者　12
補償　29
ほほよい母親　67
ホンネの原理　152

ま
マガジン・ピクチャー法　82
無意識　26
無条件刺激　39
無条件反応　39
目標づけの質問　99
問題解決　96
問題解決志向アプローチ　97

や

優越感　33
遊戯療法　86
誘導　110
誘導保育法　109, 110, 111
遊離家族　72
養護　5
養護と教育が不可分に結合　199
幼稚園教育要領　4
幼保一元化　113
抑圧　29

予防的カウンセリング　162

ら

ラポール形成　85
リアリティ・セラピー　91
リーダー　154, 158
リフレーミング　74
臨床心理士　17
臨床発達心理士　18, 205
例外　100
劣等感　33

人名索引

A
エイブラム（Abram, J.）　63, 64
アドラー（Adler, A.）　25, 33
エインズワース（Ainsworth, M. D. S.）　55, 56
アルトシュラー（Altschuler, I. M.）　84
新井邦二郎　46, 47, 50
アクスライン（Axline, V. M.）　86-88

B
バンデューラ（Bandura, A.）　42, 43
バーライン（Berlyne, D. E.）　87
ブレアー（Blehar, M. C.）　55
ボーランダー（Bolander, K.）　81
ボウルビィ（Bowlby, J.）　51-55, 58, 61
ブルーナー（Bruner, J. S.）　87, 129
バック（Buck, J. N.）　78

C
コール（Cole, M.）　129

クレイマー（Cramer, S.）　21

D
デイビス（Davis, M.）　63, 64, 65, 66
デューイ（Dewey, J.）　117

E
エリス（Ellis, M. J.）　87
遠藤利彦　51, 58
遠城寺宗徳　173
エリクソン（Erikson, E. H.）　50, 87, 124
アイゼンク（Eysenck, H. J.）　33

F
フロイト（Freud, A.）　31, 33
フロイト（Freud, S.）　22, 25, 26, 28, 33, 34, 87
フレーベル（Froebel, F. A.）　107, 109, 113-118, 120
藤﨑眞知代　164
深津千賀子　63, 64, 65

索引

G
グラッサー (Glasser, W.)　91-95
合屋長英　173
Gross, K.　87
グリュンワルド (Grünwald, M.)　80

H
ホール (Hall, G. S.)　87, 118
浜谷直人　23, 179, 181, 183, 184
原田正文　62
秦野悦子　179
服部祥子　50
ハヴィガースト (Havighurst, R. J.)　50, 124
林信二郎　120, 124
ハー (Herr, L. E.)　21
東山紘久　139
平山園子　146
ヒューズ (Hughes, F. P.)　86

I
井原成男　63-65, 67
飯長喜一郎　34
今泉依子　195
稲田雅美　83
稲毛教子　173, 175
イネルデ (Inhelder, B.)　48
石井 仁　120
石崎一記　46
岩立志津夫　86, 87

J
ユング (Jung, C. G.)　25, 32, 33

K
カルフ (Kalff, D.)　79
亀口憲治　75
金田利子　189, 192, 193, 195

片野智治　135, 136, 151, 153
河合隼雄　79, 80
クライン (Klein, M.)　62, 67
コッホ (Koch, K.)　78
國分久子　151, 153
國分康孝　6, 21, 133, 135, 151, 153, 155
古宮 昇　71, 97, 98
倉橋惣三　107-112
黒川 徹　173

L
ローエンフェルト (Loewnfeld, M.)　79
ルリア (Lurija, A. R.)　129

M
前田重治　26
松井紀和　83
松山由紀　179
ミニューチン (Minuchin, S.)　73
三浦和也　87
宮田敬一　97
水島恵一　75
モンテッソーリ (Montessori, M.)　107, 119-124
森上史朗　108, 111, 145
元良勇次郎　108
村田町子　179

N
長崎イク　195
仲真紀子　164
中井久夫　78
南部由美子　173
ナウンバーグ (Naumberg, M.)　77
名和顕子　173
野田幸江　164

Noppe, I. C.　86
Noppe, L. D.　86
ノードフ (Nordoff, P.)　84

O
小田　豊　204
大日向雅美　191
小此木啓吾　63, 67, 68

P
パヴロフ (Pavlov, I. P.)　39
ペスタロッチ (Pestalozzi, J.)　113, 120
ピアジェ (Piaget, J.)　48, 51, 87, 126

R
ロビンズ (Robbins, C.)　84
ロジャース (Rogers, C. R.)　34, 35, 37
ラター (Rutter, M.)　59, 60

S
佐伯　胖　129
佐治守夫　34
坂越孝治　139
坂元彦太郎　108
坂野雄二　40, 43
桜井茂男　46
シャファー (Schaffer, H. R.)　60
シュヴァーベ (Schwabe, C.)　84
セガン (Seguin, E.)　119
繁多　進　55, 57-60
篠原しのぶ　173
柴田義松　129
スキナー (Skinner, B. F.)　40, 41
スペンサー (Spencer, H.)　87
ストパニ (Stoppani, A.)　119
杉原一昭　8, 10, 18, 19, 45

諏訪義英　111
鈴木裕子　159

T
田上不二夫　139-141, 143
高橋道子　164
竹田契一　140
瀧本孝雄　30
滝沢武久　48
詫摩武俊　30
田中祐美子　140
田中美保子　146
冨田久枝　139-141, 143
津守　真　173, 175

U
氏原　實　139

V
ヴィゴツキー (Vygotsky, L. S.)　107, 125-130

W
Wall, S.　55
ウォールブリッジ (Wallbridge, D.)　63-66
渡辺三枝子　20
ウォーターズ (Waters, E.)　55
ワイニンガー (Weininger, O.)　87
ウィニコット (Winnicott, D. W.)　62-68, 78

Y
山中康裕　77, 78
柳沢君夫　183
梁井迪子　173
梁井　昇　173
依田　明　3

執筆者紹介（執筆順，＊は編者）

冨田久枝（とみた・ひさえ）＊
奥付参照
第1章，第4章第1節

市原　学（いちはら・まなぶ）
筑波大学大学院博士課程心理学研究科単位取得退学
現在　福岡教育大学教育学部准教授
第2章第1節

楯　誠（たて・まこと）
筑波大学大学院博士課程心理学研究科単位取得退学
現在　名古屋経済大学人間生活科学部講師
第2章第2節

鈴木公基（すずき・こうき）
筑波大学大学院博士課程心理学研究科修了，博士（心理学）
現在　関東学院大学人間環境学部講師
第2章第3節

藤﨑眞知代（ふじさき・まちよ）
お茶の水女子大学大学院博士課程人間文化研究科単位取得退学
現在　明治学院大学心理学部教授
第3章

外山美樹（とやま・みき）
筑波大学大学院博士課程心理学研究科退学，博士（心理学）
現在　筑波大学大学院人間総合科学研究科准教授
第4章第2節

金田利子（かねだ・としこ）
お茶の水女子大学大学院家政学研究科修士課程（児童学専攻）修了
現在　白梅学園大学子ども学部教授
第5章

編者紹介
冨田久枝（とみた・ひさえ）
筑波大学大学院教育学研究科カウンセリング専攻修了
心理学（博士）
現職：鎌倉女子大学児童学部・同大学院准教授
著書：教育心理学―保育をめざす人へ（共著）　樹村房
　　　保育カウンセリングへの招待（編著）　北大路書房　ほか

保育カウンセリングの原理

2009 年 3 月 20 日　初版第 1 刷発行　（定価はカヴァーに表示してあります）

　　　　　　　　　編　者　冨田　久枝
　　　　　　　　　発行者　中西　健夫
　　　　　　　　　発行所　株式会社ナカニシヤ出版
　　　　〒606-8161　京都市左京区一乗寺木ノ本町 15 番地
　　　　　　　　　　　　　Telephone　075-723-0111
　　　　　　　　　　　　　Facsimile　075-723-0095
　　　　　　　　　Website　http://www.nakanishiya.co.jp/
　　　　　　　　　E-mail　iihon-ippai@nakanishiya.co.jp
　　　　　　　　　　　　　郵便振替　01030-0-13128

装幀 = 白沢　正／印刷・製本 = ファインワークス
Copyright © 2009 by H. Tomita
Printed in Japan.
ISBN978-4-7795-0180-7

DVD 赤ちゃんの生後1年間の驚くべき能力

赤ちゃんはこんな驚くべき能力をもっていた!! 大学や短大，専門学校での講義や，保育園，産婦人科や小児科などの病院や助産院，保健所などでの利用だけでなく，子育て真最中のパパ，ママも必見！ 生後間もない赤ちゃんの能力や発達過程が目で見てわかる貴重な DVD！

坂田陽子（愛知淑徳大学）
高田雅弘（法務教官・臨床心理士）［著］

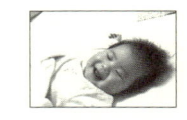

DVD1枚（収録時間51分）・解説冊子付き
税込定価 39,900 円

ご購入は小社 HP からお申し込みください。書店等での発売はいたしません。

http://www.nakanishiya.co.jo/infant/

■ DVD の内容

1. 胎児
胎齢4ヶ月／胎齢5ヶ月／胎齢7ヶ月／胎動

2. 原始反射
● モロー反射
しゃっくり中／落下中／もうないモロー反射
● バビンスキー反射・把握反射
バビンスキー反射＋把握反射／なくなりかけ／もうないバビンスキー反射

3. 模倣
● 舌出し模倣
舌出し模倣／ちょっとだけ／あまりやらない／もうない舌出し模倣
● 意図的模倣（即時模倣）
バイバイ

4. 眼球運動
とぎれとぎれに眼球が動く／首も一緒に動く／スムーズに眼球が動く／手も出す／上下左右も自由自在

5. リーチング・手掌把握
まだとれない／手掌把握／とれたよ

6. 対象の永続性・A not B エラー課題
対象の永続性　失敗／対象の永続性　少し探索する／いない，いない，ばー／対象の永続性　成功／A not B エラー課題　失敗／A not B エラー課題　成功

7. 言語発達
● 言語発達①
産声／反射的音声／クーイング／泣き声／ママとおしゃべり／うなり声
● 言語発達②
音遊び／うなり声／重複喃語／多様喃語／ジャーゴン
● 言語発達③
はじめての有意味語／ジャーゴン／パパとおしゃべり／二語文／三語文

8. 共同注意
指差しの方を見るか？まだ見ない／指差しの方を見るか？見るよ

9. 乳児実験法
選好注視法：顔刺激／馴化／脱馴化法